EDICIÓN CATALANA
El Mundo Editorial
Barcelonés 1990-2000

Ingo von Sundahl

ISBN-10: 150898140X
ISBN-13: 978-1508981404

Agradecimientos

Quiero hacer constar una serie de agradecimientos. En primer lugar, a Arturo Rodríguez Morató, sociólogo e inagotable fuente de inspiración con cuyo apoyo he podido contar en todo momento. En segundo lugar a la Universitat de Barcelona que me apoyo con una beca de investigación. En tercer lugar, a la Diputación de Barcelona por cedernos un espacio para nuestro centro de operaciones. De igual modo quiero señalar a los profesionales del sector, que a menudo contestaron a mis preguntas de forma entusiasta y que me dieron ánimo de continuar indagando en el complejo universo de la edición.

Índice   pág. 4

1. Introducción

La situación del sector editorial barcelonés entre los años desde 1990 hasta 2000 es de una considerable fortaleza en cuanto a su dimensión industrial. En comparación con otros sectores, el sector de la edición es la única industria cultural española con saldo exportador positivo y representa el sector de las industrias culturales más potente. Barcelona y Madrid son los centros de edición en España. En comparación con otros sectores, el sector de la edición destaca por su tradicional envergadura industrial y su importante desarrollo autóctono español. Además, es la única industria cultural española con saldo exportador positivo. En Barcelona, este particular relieve se realza todavía mucho más por el hecho de ostentar la ciudad la capitalidad española del sector, y también por la debilidad relativa de los otros sectores culturales industrializados. La dimensión industrial de la edición confiere una unidad virtual a un espacio cultural fragmentado en universos discursivos muy dispares e inconexos. El libro escolar, las obras de consulta, la literatura y el libro académico se mueven en universos discursivos muy independientes y alejados, regidos por lógicas diferentes. En esos universos, además, los procesos de edición tienen una importancia y un relieve muy desigual (el libro escolar es un apéndice subsidiario dentro del sistema escolar; las obras de consulta son elaboraciones, secundarias pero muy autónomas, del mundo editorial; la literatura es un universo de creación pura que tiene su centro neurálgico en el mundo editorial). La creación de valor cultural en estos diferentes universos es de muy diverso orden.

Nuestra investigación del mundo editorial barcelonés se estructura a partir de dos partes. En la primera describimos las circunstancias y cuantificamos los elementos del sector. Comenzamos con la elaboración de un mapa organizacional del sector que comprende la definición de sus categorías y ejes y la descripción de los elementos que forman la cadena cooperativa editorial.

Después pasamos al análisis de estos elementos, a las circunstancias del sector, a la actividad editorial y a la presentación de los resultados.

## 2.	Elementos y circunstancias del sector editorial barcelonés

El mapa organizacional del sector editorial

En la página siguiente, el gráfico 1 se estructura en relación con dos ejes. En el eje vertical se diferencian los distintos ámbitos institucionales donde se sitúan los diferentes actores que contribuyen, de modo relevante, al mantenimiento de la actividad editorial. Nos encontramos aquí, principalmente, con un ámbito público, en el que no se genera propiamente el producto de edición y con otro ámbito de carácter privado, en el que históricamente se ha definido la cadena productiva editorial en tanto que industrial. Además, como referencias externas del sector, representamos fuera de él la competencia con el mercado nacional e internacional y su marco regulativo legal. El eje horizontal, por su parte, representa el sentido en el que se articula el proceso de producción y consumo editorial.

Siguiendo las categorías y ejes establecidos en el mapa, analizamos a continuación los elementos del mapa de la siguiente manera. En primer lugar, describimos la competencia nacional e internacional y el marco regulativo del sector y evaluamos hasta qué punto incide en su actividad. En segundo lugar analizamos, dentro del ámbito público, las administraciones culturales y subvenciones, los premios y festivales, las instituciones de conservación y estudio y, finalmente, las instituciones oficiales de formación. En tercer lugar, y entrando en el ámbito privado, tratamos en el subuniverso artístico industrial de las escuelas privadas, los profesionales, la producción, la distribución, la exhibición, la crítica y los medios y los públicos. Por último, pasamos al análisis de la propia actividad editorial.

Gráfico 1: El mapa organizacional del sector editorial

Competencia exterior

Marco regulativo legal

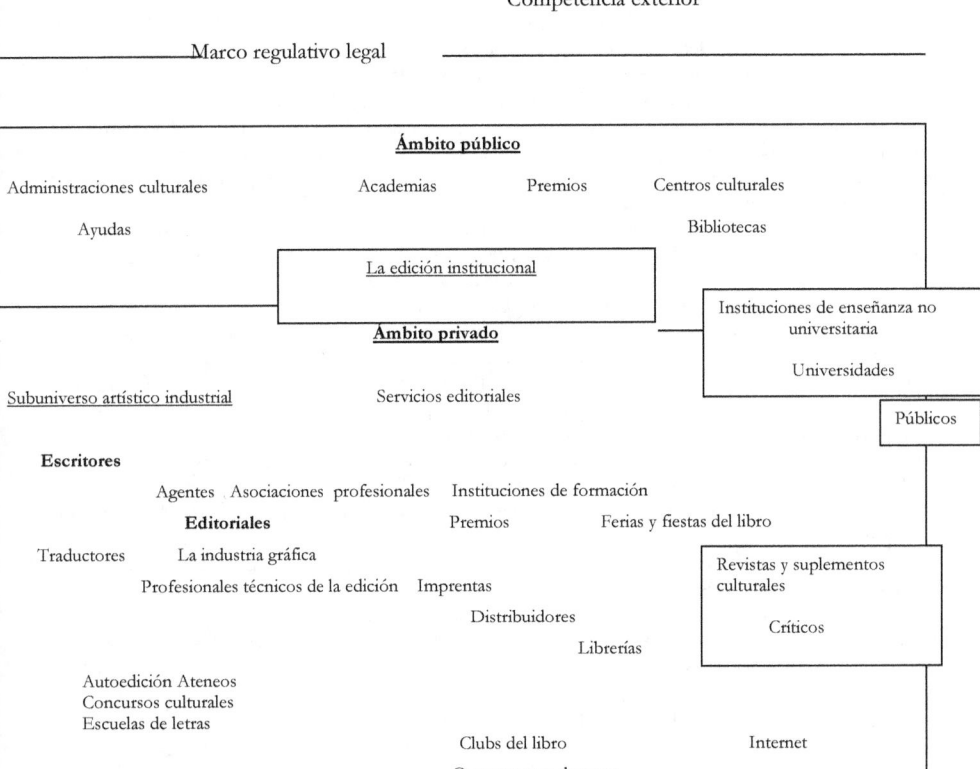

Ámbito público

Administraciones culturales   Academias   Premios   Centros culturales

Ayudas   Bibliotecas

La edición institucional

Ámbito privado   Instituciones de enseñanza no
                                                                        universitaria

                                                                              Universidades

Subuniverso artístico industrial   Servicios editoriales

                                                                                          Públicos

Escritores

            Agentes Asociaciones profesionales   Instituciones de formación
                    Editoriales   Premios   Ferias y fiestas del libro
Traductores   La industria gráfica
            Profesionales técnicos de la edición   Imprentas   Revistas y suplementos
                                                        Distribuidores   culturales
                                                                    Librerías   Críticos

        Autoedición Ateneos
        Concursos culturales
        Escuelas de letras
                                            Clubs del libro   Internet
                                        Otros agentes de venta

2.1.   El ámbito publico

La ley que representa el marco regulativo para la actividad editorial es la llamada Ley del Libro; la que protege los derechos del autor es la Ley de la Propiedad Intelectual.

La Ley del Libro tiene como objeto de la promoción, producción y difusión del libro y defiende los conceptos de autor, editor y contrato de edición. La vigente Ley de Propiedad Intelectual protege los derechos de autor, no sólo sobre las obras, en su concepto tradicional, sino también sobre los programas de ordenador y las bases de datos. Igualmente, regula la actividad de las entidades de gestión de derechos de propiedad intelectual, otorgándoles legitimación para actuar en toda clase de procedimientos administrativos o judiciales.

El derecho del autor otorga al autor la plena disposición y derecho exclusivo de explotación de su obra, su propiedad intelectual. El autor cede en un contrato con el editor el derecho de reproducir su obra y de distribuirla a cambio de una compensación económica. Por su lado, el editor se compromete a realizar estas operaciones por su cuenta y riesgo.

Antes de que un manuscrito empiece a circular por manos ajenas se debe proteger su autoría para evitar plagio y asegurase los derechos de propiedad intelectual. Este primer paso consiste en inscribirlo en el Registro de Propiedad Intelectual. Por otra parte, cuando el manuscrito se convierte en producto y se integra en el mercado editorial ha de pasar por los trámites burocráticos para la constancia pública de su existencia. Uno de ellos es régistralo en el Depósito Legal; este trámite corresponde al impresor, y al ser realizado, se incorporan un número de ejemplares a los fondos de la Biblioteca Nacional. El editor de la obra, por su parte, es el que se encarga de conseguir un número de ISBN, identificación numérica del sistema internacional de numeración de libros para la obra publicada.

De la captación y repartición de los derechos de autor se encargan las entidades de gestión de derechos de propiedad intelectual[1].

En el caso de incumplimiento de la Ley de la Propiedad Intelectual, el código penal español establece pena de prisión de seis meses a dos años y multas de seis a veinticuatro meses a quien reproduzca, plagie, distribuya o comunique públicamente, en total o parcial, una obra literaria[...] sin la autorización de los titulares de los derechos de la Propiedad Intelectual (BOE nº 281).

El cumplimiento de la liquidación de la compensación económica pactado entre editor y autor, aunque garantizado por la Ley, depende en muchos casos, lamentablemente para los últimos, de la voluntad del editor[2].

En el ámbito europeo, el derecho comunitario comprende importantes medidas de armonización de los derechos de propiedad intelectual destinadas a eliminar los obstáculos a los intercambios y adaptar el marco jurídico europeo a las nuevas formas de explotación que facilitan las tecnologías de la información y la comunicación. La Unión Europea ha creado un marco jurídico que armoniza en gran medida la protección de los derechos de autor. En la actualidad existen las siguientes directivas europeas en este ámbito: la directiva sobre la protección jurídica de programas de ordenador; sobre derechos de alquiler y préstamo; en el ámbito de la radiodifusión vía satélite y de la distribución por cable; la armonización del plazo de protección del derecho; la protección jurídica de las bases de datos; la protección de derechos de reproducción, distribución, comunicación y puesta a disposición del público de obras y otros objetos; y por ultimo el de participación en beneficio del autor de una obra de arte original que permite a los artistas beneficiarse de ese derecho, independientemente del lugar de la Unión en el que se vuelvan a vender sus obras.

La situación actual de la edición en España y los retos que a la edición plantea el proceso de globalización, la incorporación de las nuevas tecnologías y sistemas de comunicación y edición conllevan la adaptación de la Legislación Española sobre propiedad intelectual a esta nueva situación y a las Directrices Europeas, así como los problemas derivados de a piratería y de la reprografía ilegal[3].

---

[1] En el sector del libro CEDRO (Centro Español de Derechos Reprográficas) y en el de música, artes escénicas y audiovisuales la SGAE (Sociedad General de Autores y Editores).
[2] La cantidad pagada en conceptos de derechos de autor por las editoriales agremiadas a la Federación de Gremios de Editores de España en el año 2000 asciende a 21.292 millones de pesetas, de los cuales corresponde un 67,7% a autores españoles y un 32,3% a autores extranjeros. Dicha cantidad supone sobre el total de la facturación de las empresas editoriales un 5,1%.
[3] www.europa.eu; www.cedro.org.
Sobre la adaptación de la Legislación Española sobre Propiedad Intelectual en el contexto de la adaptación del marco reglamentario

1.2.   El ámbito público

Administraciones públicas y ayudas

El libro es una vía de acceso a la cultura caracterizado por la doble vertiente comercial y cultural. La intervención pública en un sector que no muestra las mismas debilidades estructurales como otros sectores de producción cultural, por ejemplo el cine o el audiovisual, resulta por ello menos importante desde un punto de vista estrictamente comercial. El libro es un producto cualquiera que circula según de las leyes del libre comercio y del mercado. Desde el punto de vista que considera el valor cultural del libro, sin embargo, la intervención pública en el sector se basa en la argumentación de promoción del acceso de la cultura.

Este apartado se enfoca primero en las administraciones culturales y los subvenciones en el sector del libro en el ámbito europeo; segundo a escala español y tercero en Cataluña y la Ciudad Condal.

La Unión Europea

La Unión Europea establece en el primer programa marco de a favor de la cultura (2000-2004), tres líneas de acción para la integración de los aspectos culturales en las políticas comunitarias: un marco legislativo favorable a la cultura, la consideración de la dimensión cultural en las políticas de apoyo y la especificidad de los aspectos culturales en las relaciones internacionales.

En el ámbito de libro la Unión puso en marcha en el 1995 el primer programa de apoyo al libro, a la lectura y a la traducción denominada *Ariadna*. El programa Cultura 2000 basa sus actividades en el ámbito de libro en *Ariadna* y dedica el 11% (18,37 millones de euros) de sus créditos a financiar la traducción de obras literarias europeas (teatro, poesía, novela), promover la literatura y la lectura, formar profesionales (traductores, bibliotecarios, editores) y facilitar el acceso a la literatura. Por ejemplo, Cultura 2000 financia encuentros entre escritores y lectores, festivales de cuentos y poesía, redes europeas de autores de obras de teatro, o webs de información sobre la literatura[4]. Las bibliotecas, que desempeñan un importante papel en la difusión de la cultura, constituyen un ámbito de investigación del programa «Tecnologías para la sociedad de la información». Este programa apoya proyectos de creación de bases de datos de obras literarias en Internet, como el proyecto Débora, dedicado a los libros digitalizados del Renacimiento. Débora es la continuación de las actividades dedicadas a las aplicaciones telemáticas para bibliotecas de los dos programas marco de investigación anteriores en este ámbito (1990-1998).

El Estado Español

La instancia administrativa que interviene a escala nacional en el sector de libro es la Dirección General del Libro, Archivos y Bibliotecas que depende del Ministerio de Educación y Cultura.

Sus principales funciones son: el fomento de la lectura, la promoción del libro, el apoyo a los sectores de la industria y el comercio del libro, la promoción y ayuda a la traducción y la difusión nacional e internacional de los libros y las letras españolas. La tabla 1 muestra las áreas y el apoyo en el año 2002.

---

europeo a las evoluciones tecnológicas, la Directiva Europea establece excepciones para los centros educativos y culturales que conlleva una cierta polémica, promovido especialmente por el hecho de que el borrador de la Nueva Ley prevea la exclusión de colegios, universidades y bibliotecas de la autorización previa de los autores para fotocopiar y digitalizar sus obras. CEDRO, la entidad que gestiona las reproducciones reprográficas, su autorización y la liquidación de sus derechos de reproducción, teme la reproducción masiva y indiscriminada de las obras y la pérdida de una compensación económica para el autor. Asimismo, y en último termino, la nueva normativa limitaría la función de las entidades que garantizan en la práctica los derechos del autor y que se encargan de su liquidación y redistribución.

Otro punto polémico es la introducción y la armonización del precio único del libro: los estados miembro de la Unión tienen dispares normativas al respecto. Consecuentemente, el precio único interfiere, mientras no esté armonizado, con las leyes de competición económica entre los estados de la Unión Europea.

[4] htpp://europa.eu. Dentro del programa marco se realizan tres tipo de acciones según las tres líneas principales de acción: acuerdos de cooperación cultural que favorecerán la coproducción y la circulación de obras y/o artistas, acciones de influencia europea y/o mundial, como la iniciativa "Ciudad Europea de la Cultura", acciones innovadoras que favorezcan nuevas formas de creación y expresión cultural sobre temas que combinen la cultura con los aspectos sociales, medioambientales o las tecnologías avanzadas. La dotación propuesta para la duración del programa asciende a 167 millones de euros.

Tabla 1: Subvenciones del MEC del año 2002

Área	Ayuda en euros
Editoriales de revisas de cultura sin ánimo de lucro	1.262.130
Edición de libros para bibliotecas públicas	1.129.000
Traducción y edición entre lenguas oficiales españolas	42.070
Total ayudas	**2.433.200**

Fuente: Ministerio de Educación y Cultura.2002
Elaboración propia

Además del apoyo a las revistas culturales, las bibliotecas y la traducción, la política de apoyo al libro se expresa en cuanto al fomento de la cultura en campañas en el ámbito bibliotecario con dotaciones bibliográficas a bibliotecas y centros culturales; en cuanto a la promoción del libro, en exposiciones itinerantes de libros infantiles y juveniles, libros mejor editados y encuadernaciones artísticas; adquisición de lotes bibliográficos para su inclusión en exposiciones y ferias en el extranjero; participación en ferias internacionales del libro, bien directa o indirectamente a través de la Federación de Gremios de Editores de España o La Cámara del Libro; en cuanto a la promoción de las letras españolas en la celebración de encuentros, seminarios y aniversarios en España y en el extranjero; la facilitación de información a instituciones especializadas a través de la base de datos de autores españoles y el apoyo a la traducción. Como último, se expresa el apoyo al sector en la política fiscal, concretamente en la reducción del IVA en el libro.

Cataluña

Aparte de los apoyos indirectos al sector por parte del Ministerio de Cultura en el ámbito español, en Cataluña se presenta una situación en la que el apoyo al libro en catalán es más directo, puesto que se trata de un idioma minoritario cuya promoción y protección se expresa en la política de la llamada Normalización Lingüística por parte de la Generalitat.
El organismo autonómico encargado de las relaciones con el sector es la Dirección General de Promoción Cultural del Departamento de Cultura a través de la Delegación del Libro. Esta Dirección General tiene por función fomentar la creación cultural en todos los ámbitos y la difusión de las manifestaciones artísticas. Adscrita al Departamento de Cultura figura la Institución de Letras Catalanas, creada en 1987 por la Generalitat, con los objetivos de promover la creación literaria en lengua catalana. Sus principales funciones son promover la creación y los estudios literarios en catalán, el conocimiento y la difusión de la literatura catalana, la creación de guiones de cine, la escritura para radio y televisión y el cómic. Por otro lado, el Departamento de Cultura participa en el Consorcio Catalán de Promoción Exterior de la Cultura en el que están integrados el Gremio de Editores de Cataluña y la Asociación de Editores en Lengua Catalana.
La tabla 2 muestra la cuantía de apoyo por parte del Departamento de Cultura de la Generalitat destinadas a las bibliotecas y al libro.

Tabla 2: Subvenciones y ayudas del Departamento de Cultura de la Generalitat en euros

Área	1996	1997	1998	1999	2000
Bibliotecas	16.060.910	18.618.010	14.793.820	15.630.456	16.286.593
Letras, libro y prensa	7.016.113	6.550960	6.868.970	12.853.654	11.756.981

Fuente: Gencat. 2002
Elaboración propia

Durante los últimos cinco años, el apoyo a las bibliotecas no ha experimentado grandes variaciones mientras que las subvenciones a las letras, del libro y la prensa se mantenían entre 1996 y 1998 pero experimentaron un incremento espectacular del 100% en 1999 para bajar un poco en 2000.

Comparado con otras áreas subvencionadas, el área de bibliotecas y letras, libro y prensa supera conjuntamente las demás áreas de apoyo, como puede observarse en la tabla 3:

Tabla 3: Distribución de gasto en Cultura de la Generalitat en 2000

Área	% total
Museos	21,3
Teatro y danza	19,3
Bibliotecas	12,4
Letras, libro y prensa	9,0
Artes plásticas	6,4
Cine y vídeo	6,1
Cultura popular y tradicional	4,5
Patrimonio arquitectónico y arqueológico	4,1
Archivos	4,1
Total	**100,00**

Fuente: Gencat.2002

Diputación de Barcelona

La Diputación de Barcelona se constituyó en 1836 como resultado de la división de España en provincias. Inicialmente ejerció competencias en materia de obras públicas y funciones intermedias entre los municipios y el Estado. En los primeros 25 años del siglo XX la Diputación creó una serie de infraestructuras básicas que desembocó en la Mancomunidad Cataluña. Desde 1978 la Diputación de Barcelona ha desarrollado un modelo de administración al servicio de municipios.

El presupuesto de la Diputación es más humilde en comparación con las otras instituciones como muestra la tabla 4 pero el porcentaje del presupuesto general destinado a la cultura es mucho más alto que de las otras instituciones.

Tabla 4: Presupuestos de las instituciones en 2001 en euros

Institución	Presupuesto	Cultura	%
Generalitat de Cataluña	13.395.215.650	195.160.650	1,5
Ayuntamiento de Barcelona	1.477.738.510	65.750.720	4,4
Diputación de Barcelona	505.451.180	49.699.040	9,8

Fuente: www.bcn.es 2003

Parecido a la política de las subvenciones de la Generalitat, el apoyo de la Diputación enfoca en la promoción cultural y en mejorar la red de bibliotecas como se ve en la tabla 5:

Tabla 5: Gasto en cultura de las diputaciones provinciales en 2000

Área	Gasto en euros
Promoción cultural	24.655.340
Bibliotecas y archivos	22.359.140
Arqueología y patrimonio	8.728.770
Museos	7.364.210
Dirección y servicios	5.195.830
Total	68.303.290

Fuente: Gencat. 2002
      Elaboración propia

La red de bibliotecas de la Diputación abarca 173 municipios que concentran el 90% de a población de la provincia. Consta de 146 centros estables y de 8 bibliobuses que dan servicios a las poblaciones de menos de 3000 habitantes. En cuanto a usuarios, las visitas han crecido un 14% respecto en 2001 respecto al año anterior. El mayor aumento se registró en las conexiones a Internet que crecieron el 135% en el mismo periodo. En el 2001 la Diputación invirtió 24 millones de euros en bibliotecas. Esta cantidad se divide en infraestructuras y funcionamiento, partidas en las que los ayuntamientos aportan entre el 50% y 60%. La Generalitat participa en el 10% de gasto de cada obra nueva[5].

Además del apoyo a las bibliotecas, la Diputación ha impulsado el Instituto de edición que es un organismo que gestiona las publicaciones de los diferentes servicios de la Diputación y apoya a los ayuntamientos en cuestiones de actividad editorial, distribución y comercialización de sus publicaciones. Asimismo, en la biblioteca de la Diputación el público puede consultar las publicaciones de las instituciones estatales, autonómicas y locales.

El Instituto de Cultura de Barcelona

El Instituto de Cultura de Barcelona fue creado en 1996 por el Ayuntamiento de Barcelona con el objetivo de situar la cultura de Barcelona como uno de los principales activos del desarrollo y de la proyección de la ciudad, a través de la gestión de los equipamientos y los servicios culturales municipales y promover y facilitar la emergencia y la consolidación de las múltiples plataformas y proyectos de iniciativa privada en la ciudad. Este objetivo central se basa en la línea del Plan Estratégico del sector cultural.

---

[5] Retomamos el tema de las bibliotecas en un apartado aparte

Tabla 6: Gasto en cultura del ICUB en 2001

Área	Gasto en euros
Artes Escénicas	1064.512,64
Música	645.186,49
Letras	421.885,25
Artes Plásticas	310.122,25
Audiovisuales	242.508,38
Otras iniciativas	91.654,35
Cultura Popular	64.608,80
Total	**2.540.478,17**

Fuente: www.bcn.es 2003

El Instituto de Cultura de Barcelona tiene como foco de atención subvencionadora, igual que la Generalitat y la Diputación, el sector de edición. Figura en la tabla como el tercer subsector más apoyado de la producción cultural. La prioridad de la Diputación era de segundo orden mientras que el de la Generalitat era de primero.

Resultados

- El programa Cultura 2000 de la Unión Europea destina el 11% (18,37 millones de euros) de sus créditos a financiar la traducción de obras literarias europeas (teatro, poesía, novela), promover la literatura y la lectura, formar profesionales (traductores, bibliotecarios, editores) y facilitar el acceso a la literatura.

- El Estado presta apoyo a las revistas culturales, las bibliotecas, la traducción, el fomento de la cultura en campañas en el ámbito bibliotecario con dotaciones bibliográficas a bibliotecas y centros culturales y en la promoción del libro, bien directa o indirectamente a través de la Federación de Gremios de Editores de España o La Cámara del Libro.

- El apoyo estatal también se expresa en la política fiscal, concretamente en la reducción del IVA en el libro.

- En Cataluña se presenta una situación en la que el apoyo al libro en catalán es más directo, puesto que se trata de un idioma minoritario cuya promoción y protección se expresa en la política de la llamada Normalización Lingüística por parte de la Generalitat.

- La Institución de Letras Catalanas promueve la creación literaria en lengua catalana, la creación y los estudios literarios en catalán, el conocimiento y la difusión de la literatura catalana, la creación de guiones de cine, la escritura para radio y televisión y el cómic.

- Comparado con otras áreas subvencionadas, el área de bibliotecas y letras, libro y prensa supera conjuntamente las demás áreas de apoyo de la Generalitat.

- La principal línea de actuación en el sector del libro de la Diputación de Barcelona se expresa en la red de bibliotecas y su mantenimiento que abarca las bibliotecas de 173 municipios.

- Su presupuesto es más humilde en comparación de las otras instituciones pero el porcentaje del presupuesto general de cultura es mucho más alto que el de las otras instituciones.

- El Instituto de Cultura de Barcelona apoya en tercer lugar el sector de libro; la prioridad de la Diputación es de segundo orden mientras que el de la Generalitat es de primero.

La Real Academia Española

La Real Academia Española se fundó en 1713. Actualmente, la RAE tiene como misión principal velar porque los cambios que experimente la Lengua Española no quiebren la esencial unidad que mantiene en todo el ámbito hispánico.

La RAE sirve de referencia de última estancia en cuestiones del idioma; en su biblioteca se pueden consultar aproximadamente 200.000 volúmenes del fondo; existe un banco de datos del español que pretende ser una muestra representativa de su desarrollo y de su uso actual; a través de la Asociación de Academias de la Lengua Española que está integrada por 22 Academias de la Lengua Española del mundo hispanohablante, defiende la unidad e integridad del idioma común y la RAE contribuye mediante de la convocatoria de premios al fomento y reconocimiento de estudios y trabajos del ámbito de la lengua y literatura española.

Como referencia de cuestiones idiomáticas se publica el Diccionario de la Academia y una serie de obras especializadas de referencia sean diccionarios académicos o obras de consulta. Los fondos de la biblioteca incluyen manuscritos, incunables, libros especializados en lingüística, filología y literatura española y hispanoamericana, libros de referencia de historia y arte, publicaciones periódicas en curso y cerradas. La Asociación de las Academias de la Lengua Española organiza congresos de la lengua española y la RAE en si forma parte del club de las Reales Academias Españoles que esta formado por Española, de la Historia, de Bellas Artes de San Fernando, de Ciencias Exactas, Físicas y Naturales, de Ciencias Morales y Políticas, Nacional de Medicina, de Jurisprudencia y Legislación y Nacional de Farmacia que constituyen los máximos exponentes de la cultura en el orden académico.

Sus premios son comparados con otros premios a escala nacional relativamente modestos en cuanto a donación pero importantes en cuanto a reputación.

Desde la perspectiva sociológica, la función que se atribuye a la Academia es jerarquizadora: ser miembro de la RAE contribuye sustancialmente a la reputación del artista como se ve en la confección de las jerarquías artístico-profesionales.

Los premios

Los premios del ámbito público se analizan conjuntamente con los premios del ámbito privado en el capítulo "ámbito privado".

Las bibliotecas

En este apartado comparamos, primero, la distribución geográfica de las bibliotecas populares entre Barcelona y Madrid; segundo, se analiza la de Cataluña y tercero, la distribución barcelonesa y su desarrollo histórico.

Bibliotecas populares de Madrid y Barcelona

Generalmente las bibliotecas se pueden unir bajo cuatro categorías: biblioteca popular, general, especializada y de museos. En el caso de Madrid y Barcelona la mayor parte de las bibliotecas pertenece a la primera categoría. En año 2000, por ejemplo, la distribución ha sido la siguiente:

Tabla 7: Distribución de bibliotecas por categorías en el año 2000 (porcentajes)

	Popular	General	Especializada	de Museos	Total
Barcelona	61.2	0.5	25.0	13.3	100
Madrid	57.3	1.0	27.3	14.4	100

Fuente: Ayuntamiento d e Madrid.2000
       ICUB.2000
       Elaboración propia

En ambas ciudades, las bibliotecas populares representan la mayoría: en ambos casos oscilan alrededor de un 60% seguido del más o menos 25% de las especializadas; en tercer lugar, aparecen las bibliotecas vinculadas a museos con un 14%. La menor representación la tienen las bibliotecas generales. La tabla siguiente compara, por lo tanto, el número de bibliotecas populares en Barcelona y Madrid y su desarrollo histórico:

Tabla 8: Bibliotecas populares de Barcelona y Madrid 1993-2000

Año/Ciudad	Barcelona	Madrid
1993	38	19
1996	40	23
1998	40	23
1999	38	22
2000	38	22

Fuente: Ayuntamiento de Madrid 2001
       ICUB 2001
       Elaboración propia

En cuanto al desarrollo histórico, el número de bibliotecas populares de ambas ciudades no ha experimentado ningún cambio significativo en la última década y oscila, en caso de Barcelona, al rededor de 39 mientras que Madrid se mantiene en aproximadamente 22. Referente a la cuantificación de las bibliotecas, la primera cuenta con casi el doble de las bibliotecas populares que la segunda.

Distribución geográfica de las bibliotecas de Cataluña

Sobre la distribución geográfica de las bibliotecas en Cataluña, la tabla 10 muestra que un 37,44 % de las bibliotecas se hallan en el área metropolitana, un 26,94 % en la provincia de Barcelona; un 29,79 % en el resto de las provincias y sólo un 7,19 % en la ciudad.

Tabla 9: Bibliotecas de Cataluña 2000

Localidad	Número	%
Ciudad de Barcelona	63	7,19
Area metropolitana	328	37,44
Provincia de Barcelona	236	26,94
Resto de provincias	261	29,79
Total Cataluña	**876**	**100,0**

Fuente: ICUB 2000
   Gencat 2000
   Elaboración propia

El papel de la Diputación de Barcelona

La red de bibliotecas de la Diputación abarca 173 municipios que concentran el 90% de a población de la provincia. Consta de 146 centros estables y de 8 bibliobuses que dan servicios a las poblaciones de menos de 3000 habitantes. En cuanto a usuarios, las visitas han crecido un 14,5% en 2001 respecto al año anterior. El mayor aumento se registró en las conexiones a Internet que crecieron el 135% en el mismo periodo. En el 2001 la Diputación invirtió 24 millones de euros en bibliotecas. Esta cantidad se divide en infraestructuras y funcionamiento, partidas en las que los ayuntamientos aportan entre el 50% y 60%. La Generalitat participa en el 10% de gasto de cada obra nueva[6].

---

[6] www.diba.es 2003

Distribución geográfica barcelonesa

Referente a la distribución geográfica de las bibliotecas por categorías dentro de la ciudad de Barcelona, se confeccionó la tabla 10:

Tabla 10: Distribución geográfica de bibliotecas barcelonesas en 2000

Distrito	Popular	General	Especializada	De Museos	Total
Ciutat Vella	5	2	10	3	20
L'Eixample	4	1	2	1	8
Sants-Montjuïc	2	0	1	2	5
Les Corts	3	0	2	0	5
Sarrià-Sant Gervasi	3	0	0	0	3
Gràcia	3	0	0	0	3
Horta-Guinardó	3	0	0	0	3
Nou Barris	5	0	0	0	5
Sant Andreu	5	0	0	0	5
Sant Martí	5	0	0	0	5
Total	38	3	15	6	62

Fuente: ICUB 2000
       Elaboración propia

Ciudat Vella alberga el máximo número de bibliotecas, 20, seguido a gran distancia por el distrito de L'Eixample con 8. En tercer lugar, encontramos cinco barrios con cinco bibliotecas cada uno de ellos: Sants-Montjuïc, Les Corts, Nou Barris, Sant Andreu y Sant Martí. Por último, los distritos de Sarrià-Sant Gervasi, Gràcia y Horta-Guinardó albergan cada uno tres bibliotecas. En cuanto a tipos, destaca la Ciutat Vella: del total de 15 bibliotecas especializadas, 10 se hallan en ese distrito. El gráfico 2 muestra el desarrollo histórico por distritos durante la última década. (En el anexo 1 se puede consultar el desarrollo por categorías y distritos en detalle).

Gráfico 2: N° total de bibliotecas barcelonesas de 1989 y 2000

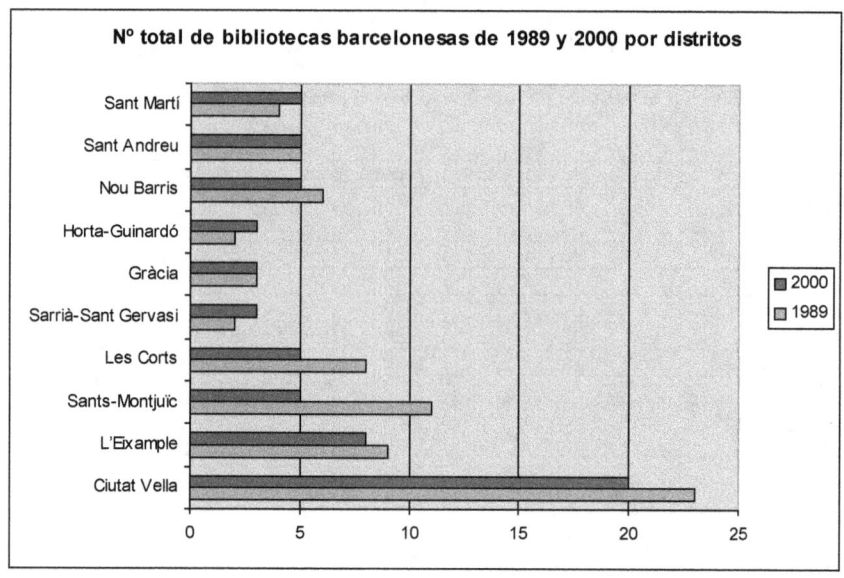

Fuente: ICUB 2000
       Elaboración propia

En 1989, Ciudat Vella albergaba la mayoría de las bibliotecas. La seguían a gran distancia Sants-Montjuïc, L'Eixample y Les Corts; próximos a estos de encontraban Nou Barris, Sant Martí y Sant Andreu. Como último, los distritos de Grácia, Sarrià-Sant Gervasi y Horta-Guinardó. En el año 2000, Ciutat Vella siguió albergando la mayoría de las bibliotecas, seguida por L'Eixample, que canjeó su sitio con Sants-Montjuïc que a la vez igualaba el número de Les Corts, Nou Barris, Sant Martí y Sant Andreu. Grácia, Sarrià-Sant Gervasi y Horta-Guinardó siguen siendo los colistas.

La tabla 11 muestra el desarrollo de cada barrio por año en detalle:

Tabla 11: Número total de bibliotecas barcelonesas entre 1989 y 2000 por distritos

Distrito	1989	1993	1996	2000
Ciutat Vella	23	18	19	20
L'Eixample	9	10	10	8
Sants-Montjuïc	11	6	6	5
Les Corts	8	4	4	5
Sarrià-Sant Gervasi	2	2	2	3
Grácia	3	4	4	3
Horta-Guinardó	2	2	2	3
Nou Barris	6	5	6	5
Sant Andreu	5	6	6	5
Sant Martí	4	4	5	5
Total	73	61	64	62

Fuente: ICUB 2000; Elaboración propia

Con la excepción de Sarrià-Sant Gervasi, Horta-Guinardó y Sant Martí, que incrementaron el número, Gràcia y Sant Andreu, que lo mantuvieron, todos los demás distritos registran un decremento en su número de bibliotecas. Este decremento generalizado de bibliotecas de 73 en el año 1989 a 62, en el 2000 contrasta, sin embargo, con el espectacular incremento de casi un 100% de usuarios de bibliotecas como muestra la tabla 12:

Tabla 12: Consumo de lectura en las bibliotecas populares barcelonesas

Año	N° lectores	Libros prestados
1988	926.379	327.637
1989	872.592	337.983
1993	1.179.512	497.905
2000	1.919.842	1.143.530

Fuente: ICUB
Elaboración propia.

Resultados

- Barcelona cuenta con casi el doble de las bibliotecas populares que Madrid
- En ambas ciudades las bibliotecas populares representan la mayoría del tipo de biblioteca
- En cuanto a la distribución geográfica de las bibliotecas en Cataluña sólo un 7% se halla en la ciudad de Barcelona.
- El área metropolitana y la provincia de Barcelona alberga la mayoría de las bibliotecas.
- En Barcelona, Ciudat Vella concentra el máximo número de bibliotecas seguido, a gran distancia, por el distrito de L'Eixample.
- En los distritos de Sarrià-Sant Gervasi, Gràcia y Horta-Guinardó se hallan el mínimo de bibliotecas.
- A pesar de un decremento generalizado en el número de bibliotecas en la ciudad durante la última década, el número de usuarios incrementó en un espectacular 100%.

La edición institucional

La edición institucional abarca las administraciones públicas y otras instituciones, tanto públicas como privadas: universidades, academias, colegios profesionales e instituciones sin ánimo de lucro. La lógica del subsector de la edición institucional es bien distinta a la del sector privado: es el propio Estado que actúa como agente editor, distribuidor y vendedor de libros. Debido a su capitalidad nacional, la edición institucional es, hasta cierto grado, responsable del peso editorial de Madrid.

El nivel de participación de la edición de carácter público sobre el total de la producción editorial en el ámbito nacional es de un importante 13%. No obstante, dicha participación ha ido disminuyendo a lo largo de la última década, como muestra la tabla 13:

Tabla 13: Edición pública y privada entre 1991 y 2000 en %

	1991	1992	1993	1994	1995	1996	1997	1998	1999	2000
Pública	20,4	21,3	22,3	19,2	16,8	14,5	13,8	13,0	13,6	13,1
Privada	79,6	78,7	77,7	80,8	83,2	85,5	86,2	87,0	86,4	86,9

Fuente: www.mcu.es
    Panorámica de la edición española de libros de 2000

Con la excepción de un ligero repunte en 1999, la tendencia de la edición pública ha sido a la baja durante la última década. Fijándose en detalle en su desarrollo por los diferentes agentes, se puede observar en la tabla 14 que la tendencia es generalizada, con la excepción de las publicaciones de instituciones educativas de las administraciones públicas.

Tabla 14: Número de ISBN inscritos por tipo de editor en 1999 y 2000

Tipo de editor	1999	%	2000	%	Variación %
Edición institucional pública					
Organismos Oficiales de la Administración General del Estado	1.440	2,3	1.361	2,2	-5,5
Organismos Oficiales de la Administración Autonómica y Local	3,477	5,7	3,352	5,4	-3,6
Instituciones Educativas de las Administraciones Públicas	2,792	4,5	2,946	4,7	+5,5
Instituciones Culturales de las Administraciones Públicas	630	1,0	516	0,8	-2,0
Total	**8.339**	**13,6**	**8.175**	**13,1**	**-2,0**
Edición de carácter privado					
Instituciones sin ánimo de lucro	2.676	4,4	2.669	4,3	-0,3
Editoriales	50.411	82,0	51.380	82.6	+2,1
Total	**53.087**	**86,4**	**54.049**	**86,9**	**+1,8**
Total general	**61,426**	**100**	**62.224**	**100**	**+1,3**

Fuente: www.mcu.es
    Panorámica de la edición española de libros de 2000

A nivel catalán la distribución entre el sector privado y institucional refleja la española como muestra la tabla 15:

Tabla 15: Número de ISBN por titularidad de editor catalán entre 1997 y 2000

Tipo de editor	1997	1998	1999	2000	%
Edición institucional pública					
Administración del Estado	3	4	2	3	0,6
Generalitat de Catalunya	12	16	12	16	3,1
Administración local	66	66	70	56	10,8
Instituciones educativas y culturales públicas	36	39	38	37	7,1
Total	**112**	**125**	**122**	**112**	**21,6**
Edición de carácter privado					
Instituciones sin ánimo de lucro	57	74	61	66	12,7
Editoriales	276	309	314	322	61,9
Autor - Editor	26	29	27	20	3,8
Total	**359**	**412**	**402**	**408**	**78,4**
Total general	**476**	**537**	**524**	**520**	**100,0**

Fuente: Agencia Española del ISBN

Los editoriales universitarios

Como se ve en el apartado en el que se trata la incidencia de la enseñanza en el sector, el papel de las universidades en cuanto a formación de escritores no es muy significante si se compara con Francia, Alemania, Reino Unido y Estados Unidos, donde existe desde hace décadas una gran tradición universitaria de la enseñanza de escritura creativa. En España es muy reciente la inclusión de cursos de escritura creativa en algunas universidades.
El papel de las editoriales universitarias en cambio es significativo, considerando la gran cantidad de publicaciones, colecciones y revistas que publican. En este apartado se cuantificó, primero, las editoriales universitarios españolas asociadas a la Asociación de Editoriales Universitarias Españolas; segundo se confeccionó una lista en la se incluye el año de fundación, el número de colecciones y revistas y, para dar una idea de su proyección internacional, en cuántos idiomas se publican. Partiendo de esta lista, se estableció, tercero, una clasificación de las editoriales universitarias españolas. La 16 muestra el número de editoriales universitarias y sus publicaciones.

Tabla 16: Número de editoriales universitarias y de sus publicaciones

Editoriales	Colecciones	Revistas
50	533	54

Fuente: www.aeue.es
www.mcu.es
Elaboración propia

Existe un importante número de editoriales universitarias en España. Como conjunto publican 533 colecciones y 54 revistas.

A continuación puede verse en la tabla 17 una clasificación de estos editoriales por importancia que se estableció teniendo en cuenta el número de publicaciones e idiomas de publicación y asignando puntos para cada una. La lista completa puede consultarse en el anexo 2.

Tabla 17: Editoriales universitarias por importancia

Grupos de importancia	Editoriales universitarias por puntos	Número
1	De 01 a 10	10
2	De 11 a 20	23
3	De 21 a 30	7
4	De 31 a 40	5
5	De 41 a 50	2
6	De 51 a 60	1
7	De 61 a 70	1
8	De 71 a 80	1
	TOTAL	**50**

Fuente: www.aeue.es
Elaboración propia

Se observa que la cima de las editoriales universitarias españolas está compuesta básicamente por tres editoriales que superan los 50 puntos. Son en este orden, la Universidad Complutense de Madrid, la Universitat de Barcelona y Universidad de Deusto de Bilbao. En el lado opuesto del ranking se sitúan 10 editoriales con menos que 10 puntos y 23, casi la mitad, con entre 11 y 20 publicaciones. Los 10 restantes se sitúan entre las 21 y 50 publicaciones.

2.   El ámbito privado

Los escritores

Introducción

En el presente apartado analizamos, primero, la distribución geográfica de los autores catalanes que escriben en catalán; seguimos con los que trabajan en castellano y, finalmente, comparamos ambos grupos. El análisis se enfoca en la distribución dentro de la ciudad por barrios, área metropolitana y resto de Cataluña y España.

Segundo, hemos elaborado unas jerarquías artístico-profesionales de cada uno de los grupos para, seguidamente, analizarlos y compararlos entre sí. Estas jerarquías permiten entender la estructuración real del campo artístico a partir de sus propios criterios y medir el grado de profesionalidad de los autores.

La distribución geográfica de los autores catalanes

¿Dónde viven los escritores catalanes? Visto desde la perspectiva de la dinámica artística de la ciudad, la respuesta a esta pregunta permite ver si hay un cierto grado de aglomeración creativa en ciertas zonas, tal como se observó en algunos de los otros sectores analizados. La concentración de artistas y de la actividad artística en una zona urbana contribuye a su ambiente y atractivo para los artistas a la hora de vivir en ella. Además, dicha centralización, que forma parte de la dinámica local de la actividad creativa y sus relaciones resultantes entre los artistas, puede tener un efecto positivo sobre la dinámica creativa que se nutre de las sinergias entre los artistas.

Empezamos por el análisis de la distribución geográfica de la población de los autores catalanes que escriben en catalán y seguimos con los escritores catalanes que escriben en castellano. Nos enfocamos en la distribución por barrios, el área metropolitana, Cataluña y España.

La distribución geográfica de los autores catalanes que escriben en catalán

De cara a observar posibles concentraciones geográficas entre los escritores, registramos la residencia de los autores catalanes que escriben en catalán y los representamos en la tabla 18.

Tabla 18: Distribución geográfica de autores catalanes en lengua catalana

Distrito/Zona	Número	%
01 Ciutat Vella	142	10.16
02 L' Eixample	100	7.15
03 Sants-Montjuïc	19	1.36
04 Les Corts	16	1.14
05 Sarrià-Sant Gervasi	41	2.93
06 Gràcia	153	10.95
07 Horta-Guinardó	15	1.07
08 Nou Barris	10	0.71
09 Sant Martí	32	2.29
Total Barcelona Ciudad	**528**	**37.79**
Area Metropolitana	168	12.03
Cataluña	304	21.76
Fuera de Cataluña	397	28.42
Total	**1397**	**100.00**

Fuente: Gencat. 2002
        Elaboración propia
        Para la consulta de la lista completa de los autores ver anexos 3 y 4

Edición Catalana. El mundo editorial barcelonés 1990-2000.

Ingo von Sundahl

Para la información necesaria consultamos el *Quién es quién* de los escritores catalanes que publica la Generalitat de Catalunya en Internet[7].

En cuanto a la distribución por barrios, se observa una mayor concentración de escritores en los barrios de Gràcia, Ciutat Vella y L' Eixample. Los primeros dos barrios gozan de un cierto ambiente bohemio y artístico; L' Eixample, en cambio, es tradicionalmente más conservador.

En cuanto a la distribución geográfica en España, se observa que la mitad de los escritores vive fuera de ciudad y su área metropolitana, como muestra el gráfico 3:

Gráfico 3: Autores catalanes en catalán por residencia

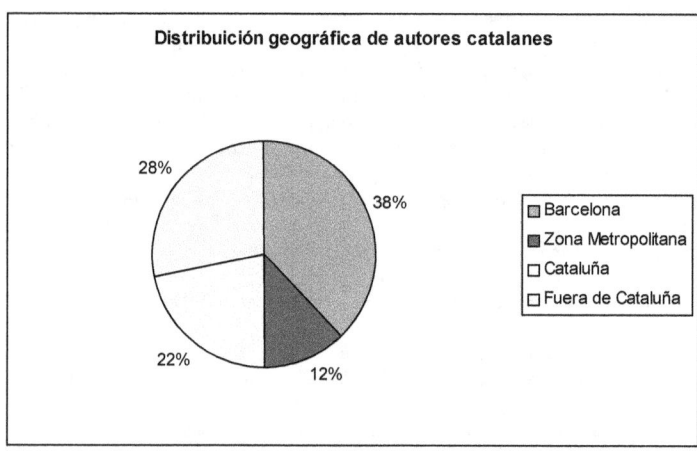

Fuente: Gencat. 2002
    Elaboración propia

---

[7] www.gencat.es

La distribución geográfica de los autores catalanes que escriben en castellano

Con el propósito de encontrar posibles concentraciones geográficas entre los escritores, registramos la residencia de los autores catalanes que escriben en castellano y los representamos en la tabla 19:

Tabla 19: Distribución geográfica de los autores catalanes en castellano

Distrito/Zona	Número	%
01 Ciutat Vella	1	0.95
02 L' Eixample	24	22.85
03 Sants-Montjuïc	1	0.95
04 Les Corts	6	5.71
05 Sarrià-Sant Gervasi	22	20.95
06 Gràcia	25	23.80
07 Horta-Guinardó	6	5.71
08 Nou Barris	0	0
09 Sant Martí	1	0.95
Total Barcelona Ciudad	**86**	**81.90**
Area Metropolitana	6	5.71
Cataluña	1	0.95
Fuera de Cataluña	12	11.42
Total	**105**	**100**

Elaboración propia

Para la confección de la tabla consultamos el *Quién es quién* de los escritores en España que publica el Centro de las Letras Españolas.

En cuanto a la distribución por barrios, se observa una mayor concentración de escritores en los barrios de Gràcia, L' Eixample y Sarrià-Sant Gervasi. Mientras el barrio de Gràcia goza de un ambiente bohemio, artístico y nocturno, los barrios de L' Eixample y Sarrià-Sant Gervasi ofrecen un ambiente más conservador y, este último, incluso residencial.

En cuanto a la distribución geográfica en España, se observa que la gran mayoría de los escritores catalanes que escriben en castellano viven en la ciudad de Barcelona como muestra el gráfico 4

Gráfico 4. Autores catalanes en castellano por residencia

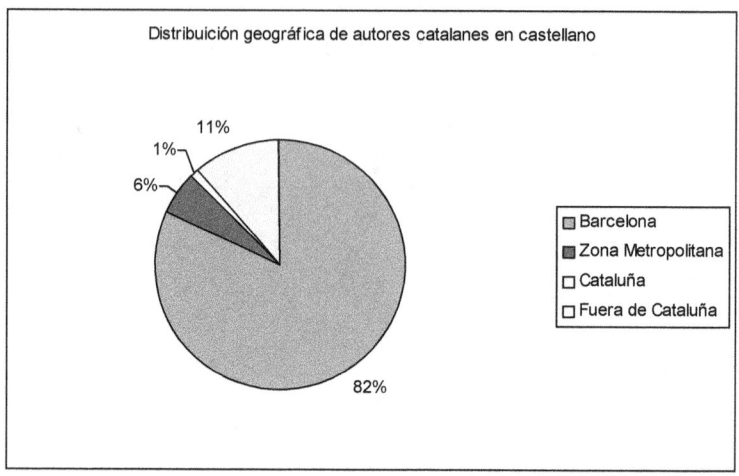

Elaboración propia

La distribución geográfica de los autores catalanes en castellano y en catalán

Si comparamos ambos grupos, observamos la siguiente distribución geográfica en la tabla 20.

Tabla 20: Distribución geográfica de los autores catalanes en castellano y en catalán en comparación en porcentajes

Distrito/Zona	Castellano	Catalán
01 Ciutat Vella	0.95	10.16
02 L' Eixample	22.85	10.09
03 Sants-Montjuïc	0.95	1.36
04 Les Corts	5.71	1.14
05 Sarrià-Sant Gervasi	20.95	2.93
06 Gràcia	23.80	10.95
07 Horta-Guinardó	5.71	1.07
08 Nou Barris	0	0.71
09 Sant Martí	0.95	2.29
Total Barcelona Ciudad	**81.90**	**37.79**
Area Metropolitana	5.71	12.03
Cataluña	0.95	21.76
Fuera de Cataluña*	11.42	28.42
Total	**100.00**	**100.00**

Fuente: Gencat., 2002
          Elaboración propia

* En el caso de los autores catalanes en castellano la mayoría de este porcentaje vive en Madrid mientras la mayor parte de los escritores catalanes en catalán reside a partes casi iguales en la Comunidad Valenciana y Baleares.

En cuanto a la ciudad, y en ambos casos, el barrio de Gràcia muestra una concentración geográfica de escritores quizás debida a su carácter bohemio-artístico y que puede ser atractivo para su elección como residencia; a mismo tiempo, la presencia de los artistas conforma el carácter de este barrio. Igualmente, se registra una concentración de ambos grupos en L' Eixample que es más conservador en ambiente y más caro como residencia, al tiempo que carece del carácter que singulariza al barrio Gràcia. Mientras los escritores catalanes que escriben en castellano residen también en Sarrià-Sant Gervasi, otro barrio más caro, los que escriben en catalán no están presentes en él al igual que los primeros evitan la Ciutat Vella. Estos últimos, en cambio, muestran la misma preferencia por la Ciutat Vella que por Gràcia.

Si comparamos la distribución geográfica no sólo en el ámbito urbano barcelonés sino en el del área metropolitana, Cataluña y España, se observa una clara diferencia entre los dos grupos: la mitad de los escritores catalanes que escribe en catalán vive fuera de la ciudad y su área metropolitana mientras que la gran mayoría de los escritores catalanes que escribe en castellano (casi un 88%) reside en Barcelona y su área metropolitana.

Resultados del análisis de la distribución geográfica de los autores

- A escala urbana, los autores prefieren el barrio de Gràcia como residencia
- Además, destacan los barrios de Sarrià-Sant Gervasi, L' Eixample y Ciutat Vella
- Mientras que los autores en catalán no residen en el barrio de Sarrià-Sant Gervasi y eligen el de Ciutat Vella, los escritores en español muestran una clara preferencia por Sarrià-Sant Gervasi en contra de Ciutat Vella.
- En cuanto al ámbito nacional, se muestra una clara diferencia entre los que escriben en catalán o castellano.
- La mitad de los que trabajan en catalán vive fuera de Barcelona y su área metropolitana.
- La gran mayoría (88%) de los que escriben en castellano reside en Barcelona y su área metropolitana.

La jerarquización del campo de los escritores catalanes

Introducción

Hemos elaborado unas jerarquías artístico-profesionales de los escritores catalanes que escriben en catalán y en castellano. Estas jerarquías se establecen según una serie de criterios propios del medio artístico con el fin de diferenciar los grupos de menor o mayor profesionalidad y reputación. La identificación de estos criterios sigue la lógica interna de la jerarquización real del sector y se constituyen a partir de aspectos creativos y reconocimiento artístico.

Metodología

Para cada grupo lingüístico de la creación artística se ha elaborado una jerarquía; así pues disponemos de autores catalanes que escriben en catalán y otra de escritores catalanes que escriben en castellano.

Para establecer el orden jerárquico se han asignado una serie de puntos a cada autor según los siguientes criterios:

- Número de obras
- Premios recibidos
- Pertenencia a la Real Academia Española
- Mención en el *Quién es Quién en las Letras Españolas*[8]
- Proyección internacional

La jerarquización artístico-profesional del campo de los escritores catalanes

Los escritores catalanes que escriben en catalán

Para delimitar la población de los escritores catalanes que escriben en catalán partimos del *Qui es Qui en les lletres catalanes*, donde se encuentra información bibliográfica actualizada y obtenemos información de 1397 autores que complementamos con la información del ISBN[9].

Detallamos la puntuación que establecemos para la jerarquía artístico-profesional:

- Cada obra publicada obtiene un punto
- Cada mención en el *Quién es Quién en las Letras Españolas* consigue un punto[10]
- Por cada idioma al que una obra es traducida obtiene un punto
- Por cada premio recibe dos puntos
- Por la pertenencia a la Real Academia Española obtiene cinco puntos

Mientras la suma de los puntos asignados a cada autor nos permite identificar su posición en la jerarquía artístico-profesional, la gama de los puntos conseguidos establece la estructuración del campo cuya gradación, en nuestro caso, empieza por autores que han conseguido un punto como referente mínimo hasta los 138 que ha conseguido el máximo representante. A partir de ello establecemos tres grupos de importancia como muestra la tabla 21.

---

[8] www.libreroonline.com
[9] www.lletrescatalanes.cat *Qui és qui de les lletres catalanes*; www.agenciaisbn.es
Para la consulta de la lista completa de los autores ver anexos 3 y 4.
[10] Ver nota del pie 8.

Tabla 21: Formación de los grupos de importancia de los escritores catalanes en catalán según los puntos obtenidos.

Puntos	Grupo
1-34	1
35-74	2
75-138	3

Fuente: Elaboración propia.

Como consecuencia, el campo está estructurado en tres grupos de importancia cuya distribución es la siguiente:

Tabla 22: Grupos de importancia de los escritores catalanes en catalán según los puntos obtenidos.

Grupos	Número	%
1	1322	94.62
2	60	4.31
3	15	1.07
Total	**1397**	**100**

Fuente: Elaboración propia.

Como se observa, la mayoría de los escritores catalanes en catalán se sitúa en la parte baja de la jerarquía. El grupo de menor importancia reúne 1322 autores que significa el 94,62 % de todos los escritores que figuran en el *Qui és qui de les lletres catalanes*, mientras que en la cima, se encuentra un grupo reducido de 15 escritores, un poco más de 1 %.

Los escritores catalanes que escriben en castellano

A continuación presentamos la formación de los grupos de importancia para este conjunto artístico. Igual que en el caso de los escritores que escriben en catalán, se asignó una serie de puntos a cada autor según los criterios descritos anteriormente. Puesto que se trata de otro grupo lingüístico no se usó el *Qui es Qui* catalán para delinear la población y conseguir la información bibliográfica, sino la *Enciclopedia de Escritores En Lengua Castellana*[11] que también incluye los escritores del mundo hispanoamericano, lo que de por sí supone un filtro basado en la reputación artístico profesional.

Tabla 23: Formación de los grupos de importancia de los escritores catalanes en castellano

Puntos	Grupo
1-7	1
8-16	2
17-35	3

Fuente: Elaboración propia

---

[11] Navarro Duran, R. 2000.

Como resultado vemos este campo estructurado en tres grupos de importancia cuya distribución es la siguiente:

Tabla 24: Grupos de importancia de los escritores catalanes en castellano

Grupos	Número	%
1	32	45.07
2	29	40.85
3	10	14.08
Total	**71**	**100**

Fuente: Elaboración propia

Como se observa, casi la mitad (45.07%) de los escritores catalanes en castellano se sitúa en el grupo de menor importancia de la jerarquía. A la vez observamos casi el mismo porcentaje (40.85%) en el grupo de media importancia. En la cima, se *encuentra un grupo reducido de 10 escritores, los top ten.*

Para comparar ambas jerarquías hemos creado el siguiente gráfico, en el cual el 3 representa el grupo de mayor importancia y el 1, el de menor.

Gráfico 5: Jerarquías de escritores catalanes en catalán y castellano en comparación

Fuente: Elaboración propia

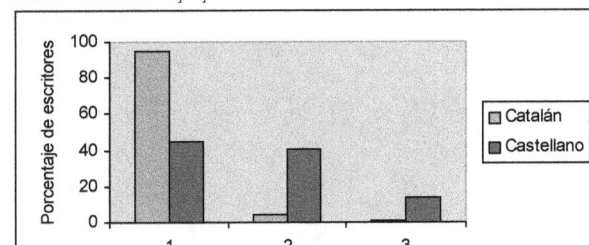

La estratificación de la jerarquía de los escritores catalanes que escriben en catalán sitúa casi todos los artistas en la parte baja del campo mientras que la parte superior está dominada por un reducido grupo de autores (tan reducido que apenas se aprecia en el gráfico). En el caso de los escritores catalanes que escriben en castellano, sin embargo, la distribución entre parte baja y alta no es tan marcada; está también dominada por un grupo reducido de profesionales en la cima. No obstante, la estratificación no muestra una distancia tan marcada entre parte baja y alta sino que se observa una distribución más equilibrada entre ambas partes.

Resultado del análisis de la jerarquización artístico-profesional

- Las dos jerarquías están dominadas por un núcleo pequeño de escritores
- La élite está compuesta por 10 -15 autores
- Hay una clara diferencia en el nivel de profesionalidad entre autores catalanes en catalán y castellano
- La gran mayoría (95%) de los escritores catalanes que escriben en catalán se halla en la parte de menor importancia de la jerarquía.
- Menos de la mitad (45%) de los autores catalanes que escriben en castellano se concentra en la parte baja mientras una cantidad parecida (40%) se halla en el medio.

Los traductores

Introducción

La problemática profesional de los autores se centra esencialmente en la relación que mantienen con los editores, puesto que son estos últimos quienes determinan las circunstancias de su actividad profesional. Actualmente los escritores recurren a los agentes literarios para ser representados en las negociaciones con los editores. Hace dos décadas, sólo una minora de autores contaba con un agente; ahora la mercantilización del sector editorial obliga a la mayoría de los escritores a ser representados por una agencia. Concentrando los escritores más asentados, algunos agentes literarios se han convertido en verdaderos superagentes; de este modo han ganado terreno a los editores en cuanto a fuerza negociadora que tradicionalmente había puesto los autores en el lado flojo y dependiente de la relación entre editores y escritores.

La debilidad en la relación que mantienen los traductores como autores de libros con los editores es más acentuada que la de estos con los escritores, ya que de los editores consideran a los traductores como técnicos de traducción mientras ellos consideran su trabajo como obra única que merece la protección y remuneración de obra de autor. Desde el punto de vista del editor, el traductor presta solo el servicio de traducción.

A esto se suma que la competencia entre traductores es muy alta y el acceso a la profesión es abierto[12]. (Ya les iría bien a los traductores ser representados por agentes literarios especializadas en traducciones y no por agencias)

Estas circunstancias no favorecen a que los traductores se organicen en gremios profesionales tan potentes como los editores y dificulta que se establezcan como grupo profesional unido y fuerte que reclama sus derechos. Como consecuencia, la indagación sociológica de captar el conjunto de los traductores se complica pues hay un significante número desconocido de profesionales que no forman parte de ningún conjunto profesional.

---

[12] Ver Rodriguez-Morató. *La Problemática Profesional de los Escritores y Traductores. Una visión sociológica.* ACEC. Barcelona. 1997

Las débiles asociaciones profesionales

Las asociaciones profesionales más importantes, aunque relativamente débiles en cuanto a estructura empresarial, son la Asociación Profesional Española de Traductores e Interpretes (APETI), ACE traductores, ambas con sede en Madrid; en el ämbito catalán la Asociación Colegial de Escritores de Cataluña, L'Associació d'Escriptors en Llengua Catalana y la Asociación de Traductores e Interpretes de Cataluña (ATIC). Esta última, por ejemplo, es una asociación pequeña, independiente y sin ánimo de lucro cuya principal intención es contribuir a poner en contacto a los profesionales de la traducción y de la interpretación y facilitar una serie de servicios relacionados con la profesión. La Associació d'Escriptors en Llengua Catalana (AELC) y la Asociación Colegial de Escritores de Cataluña entienden (ACEC) su función como la defensa de los intereses de los profesionales de los escritores catalanes y la promoción de la literatura catalana.
Ninguna reclama la función de captación y repartición de derechos de autor como CEDRO (Centro Español de Derechos Reprográficos) o SGAE (Sociedad General de Autores y Editores).

Los traductores y su trabajo en Cataluña

El número total de los traductores asociados a ATIC era de 246 en el año 2002 y a ACEC, de 360. La tabla 25 compara el número de socios de estas tres asociaciones con CEDRO en Barcelona, Madrid y España.

Tabla 25: Cuantificación de socios por entidad

Asociación	Número de Socios
ATIC Barcelona	246
ACE Madrid	263
ACEC Barcelona	360
CEDRO Barcelona	1016
CEDRO Madrid	1423
CEDRO España	5076

Fuente: www.atic.cc
       www.acec.es
       www.acett.es
       www.cedro.org
       Elaboración propia

ATIC, ACE y ACEC son relativamente pequeñas en cuanto al número de socios comparados con los autores que son socios en las delegaciones de CEDRO en Barcelona, Madrid y, por supuesto, de toda España. Mientras las asociaciones de traductores cuentan entre 250 y 350 socios en Barcelona y Madrid, CEDRO tiene en las dos ciudades entre 1000 y 1400 autores y en total defiende los intereses de 5076 socios.
La débil situación de los traductores en cuanto a representación y respaldo de sus derechos ante los editores no se ve aliviada por las estructuralmente débiles asociaciones profesionales de su ámbito. Consecuentemente, la vida profesional del traductor está caracterizada por la incertidumbre económica que además es potenciada por la alta competitividad entre los traductores. Así viven del pluriempleo, se especializan o se diversifican como por ejemplo en Cataluña, donde la mitad de los traductores trabaja tanto en castellano como en catalán. La tabla 26 muestra en qué idiomas trabajan los traductores en Barcelona.

Tabla 26: Comparación entre español y catalán

Lengua origen	Español	Catalán
Alemán	26	9
Árabe	1	0
Catalán	52	---
Español	---	16
Francés	36	33
Inglés	100	45
Italiano	30	21
Ruso	1	0
Total	**246**	**126**
Total traductores:		
246	**100%**	**51,73%**

Fuente: www.atic.cc
      Elaboración propia.

Todos los asociados de ATIC traducen como lengua de destino al castellano y la mitad también al catalán.

La situación en Cataluña para conseguir trabajo como traductor tiene, por lo tanto, ésta extra vertiente idiomática. Dependiendo de la demanda, ésta doble vertiente puede ser ventajosa o no. En comparación con sus colegas en el resto de España, sin embargo, la inseguridad laboral es igual de acentuada. Para asegurase la continuidad de su trabajo y reclamar sus derechos, los traductores se ven obligados a vivir cerca de las editoriales a pesar de que podrían ejercer su profesión a través de las nuevas tecnologías libres de ser atados a un lugar en concreto.

La tabla 27 muestra la distribución geográfica de los traductores de ATIC y ACE en comparación.

Tabla 27: Distribución geográfica de los traductores

Asociación	% de socios que viven en
ATIC	83% Barcelona
	8% Cataluña
	9% -
ACE	78% Madrid
	11% Resto de España
	11% -

Fuente: www.atic.cc
www.acett.es
Elaboración propia

La gran mayoría de los traductores vive en la ciudad: el 83% en Barcelona y el 78% en Madrid. La actividad profesional de los traductores todavía está muy vinculada a los dos centros de la actividad editorial de España a pesar de que como mínimo en teoría, en la sociedad de la información la profesión de traductor se podría ejecutar desde cualquier lugar. Lo que parece imprescindible, sin embargo, son los contactos personales entre editor y traductor. La débil naturaleza de esta relación obliga al traductor mantenerla viva en persona. Además, y como ya se dijo anteriormente, la competitividad en el mercado de la traducción es muy alta. El alto grado de dependencia del traductor del editor también se manifiesta en el bajo grado de satisfacción económica o sentido de seguridad que sienten los traductores frente al editor. En un reciente estudio sobre la problemática profesional de los autores y traductores se demostró los continuos problemas para el cobro de remuneraciones y la recepción de liquidaciones que encuentran los traductores en su trato con las editoriales[13].

El grado de profesionalidad

El acceso a las asociaciones profesionales es normalmente libre y fácil. Para hacerse socio en una de ellas basta con pagar la cuota de inscripción. En el uso habitual de la profesión existen pocas barreras de acceso como por ejemplo un título o licenciatura de traductor u otra acreditación del traductor como por ejemplo obras traducidas.
Últimamente, sin embargo, han habido intentos de dar a la profesión una imagen más seria; especialmente la asociación más importante de traducciones, ACE, introdujo criterios de diferenciación y de grado de profesionalidad. Así hay dos categorías de socios en esta entidad: con libros traducidos y publicados y con títulos universitarios que quieren ejercer la profesión de traductor de libros junto a los recién llegados que tampoco no cumplan este requisito. Estas últimas dos categorías se unen bajo el grupo precesión a la espera de traducir un libro y así cumplir los requisitos del primer grupo.

Además existe desde 1956 el Premio de Traducción, convertido en 1989 en Premio Nacional que es un intento de jerarquizar el mundo de traducción literaria[14].

---

[13] Rodríguez-Morató. Ibid.
[14] La lista de los premiados se puede consultar en el anexo 5 .

Resultados

-　　La relación entre editores y autores esta caracterizada por una posición más débil de los autores frente a los editores
-　　La debilidad en la relación que mantienen los traductores como autores de libros con los editores es más acentuada, puesto que los editores los consideran como técnicos de traducción y no como autores.
-　　La competencia entre traductores es muy alta y el acceso a la profesión es abierto
-　　Como consecuencia, los traductores no se organicen en gremios profesionales tan potentes como los editores lo que dificulta que se establezcan como grupo profesional unido y fuerte en el sector que reclamase sus derechos.
-　　Existe un pequeño número de asociaciones profesionales que representan los intereses de los traductores pero no son entidades de captura y redistribución de derechos.
-　　En cuanto al número de socios las entidades más grandes se centran en Madrid y Barcelona, aunque su fuerza es relativamente pequeña.
-　　En Cataluña la mitad de los traductores trabaja tanto en castellano como en catalán.
-　　La gran mayoría de los traductores vive en la ciudad. El 83% en Barcelona y el 78% en Madrid. La actividad profesional de los traductores todavía está muy vinculada a los dos centros de la actividad editorial, a pesar de que en la sociedad de la información, la profesión de traductor se podría ejecutar desde cualquier lugar.
-　　El acceso a las asociaciones profesionales es normalmente libre y fácil. Existen pocas barreras de acceso como por ejemplo un título o licenciatura de traductor u otra acreditación del traductor tal como obras traducidas.
-　　Sólo recientemente surgen intentos por parte de algunas asociaciones de dar una imagen de mayor profesionalidad, introduciendo criterios de diferenciación.
-　　Desde el 1956, existe el Premio de Traducción que se convirtió en 1989 en Premio Nacional en un intento de jerarquizar el mundo de la traducción literaria.

Las editoriales

Introducción

En comparación con otros sectores, el sector de la edición destaca por su tradicional envergadura industrial y su importante desarrollo autóctono español. Además, es la única industria cultural española con saldo exportador positivo. En Barcelona, este particular relieve se realza todavía mucho más por el hecho de ostentar la ciudad la capitalidad española del sector, y también por la debilidad de los otros sectores culturales industrializados.

La dimensión industrial confiere una unidad virtual a un espacio cultural fragmentado en universos discursivos muy dispares e inconexos. El libro escolar, las obras de consulta, la literatura y el libro académico se mueven en universos discursivos muy independientes y alejados, regidos por lógicas diferentes. En esos universos, además, los procesos de edición tienen una importancia y un relieve muy desigual (el libro escolar es un apéndice subsidiario dentro del sistema escolar; las obras de consulta son elaboraciones, secundarias pero muy autónomas, del mundo editorial; la literatura es un universo de creación pura que tiene su centro neurálgico en el mundo editorial). La creación de valor cultural en estos diferentes universos es de muy diverso orden.

En este apartado comenzamos con la cuantificación y la distribución geográfica de las editoriales en el ámbito barcelonés, catalán y español. A continuación establecemos un ranking de editoriales para terminar con la elaboración de una tipología de las editoriales basada en la estructuración del campo y la identificación de sus principales líneas editoriales.

Cuantificación y distribución geográfica de las editoriales

Empezamos con la cuantificación de los editoriales en España y delineamos la población del análisis geográficamente por el ámbito territorial barcelonés. Además nos centramos sólo en las editoriales agremiadas ya que lo consideramos como indicador de la fuerza estructural empresarial. La tabla 28 provee una tipología de las editoriales según los universos discursivos mencionados anteriormente.

Tabla 28: Tipos y cuantificación de editoriales en España

Tipos de editorial	Número
Editoriales privadas	7342
Autor-editor	22.453
Instituciones privadas sin ánimo de lucro	1781
Organismos de administración	237
Organismos de administración autonómica	309
Organismos de administración local	1003
Instituciones educativas públicas	778
Instituciones culturales públicas	147
Otras	12.171
Total	**46.203**
Gremiadas	**1.163**
% Total	**2.51**

Fuente: MEC., 2002
ISBN., 2002
Elaboración propia

El número total de editoriales en España parece muy elevado. No obstante, solamente un 2.51% de las 46.203 editoriales cuantificadas está agremiado, a saber, un total de 1.163 editoriales. Como paso siguiente en nuestro esfuerzo de delinear la población según los criterios de esta investigación, introducimos el factor territorio que muestra la tabla 29 a continuación:

Tabla 29: Distribución geográfica según tipo de editorial

Tipo de editorial	Barcelona	Madrid	Resto de España	Total
Editoriales privadas	1744	2776	2822	7342
Autor-Editor	2249	5270	14.920	22.453
Instituciones privadas sin ánimo de lucro	182	527	1072	1781
Organismos de Administración	7	183	47	237
Organismos de Administración Autonómica	18	16	275	309
Organismos de Administración local	77	50	876	1003
Instituciones Educativas públicas	68	134	576	778
Instituciones Culturales públicas	14	13	120	147
Otras	591	964	10.612	12.171
Total	**4.950**	**9.933**	**31.320**	**46.203**
Agremiadas	**331***	**428**	**424**	**1.163**
% Total	**6.28**	**4.30**	**1.35**	**2.51**

* El total incluye las filiales de los grandes grupos editoriales. Cuando el número total de las editoriales en este informe es de 292 es porque han sido agrupadas en los grandes grupos empresariales.

Fuente: MEC., 2002
       ISBN., 2002
       Elaboración propia

Así vemos el inmenso total de editoriales reducido a 331 editoriales agremiadas en Barcelona: son ellas las que formarán el objeto de nuestro análisis. Pero antes de proceder con ello, la tabla nos da algunas claves importantes sobre el universo editorial: Madrid y Barcelona representan, comparado con el resto de España, los centros de la actividad editorial. Si nos fijamos, sin embargo, en el porcentaje de editoriales agremiadas que sirve de indicador de la debilidad o fuerza de una empresa editorial, vemos que Barcelona supera a todas los demás. Otra información interesante es el hecho de que haya una alta concentración de editoriales institucionales de tipo oficial administrativo en Madrid[15].

Pasemos a analizar la distribución de las editoriales con el análisis de las editoriales ubicadas en Barcelona. La tabla 30 muestra el número de editoriales con sede en Barcelona y en el área metropolitana.

---

[15] Debido a su centralidad administrativa.

Tabla 30: Distribución geográfica de las editoriales agremiadas en la ciudad de Barcelona y en los municipios de su área metropolitana.

Distrito/Municipio	Total editoriales
1 Ciutat Vella	19
2 L'Eixample	112
3 Sants-Montjuïc	9
4 Les Corts	15
5 Sarrià-Sant Gervasi	59
6 Gràcia	19
7 Horta-Guinardó	5
8 Nou Barris	3
9 Sant Andreu	8
10 Sant Martí	13
Total ciudad de Barcelona	**262**
Argentona	2
Bellaterra	2
Cabrera de Mar	1
Cabrils	1
Esplugues de Llobregat	2
Granollers	1
Gurb	1
Hospitalet del Llobregat	2
Manresa	1
Mataró	1
Moià	1
Premià de Mar	1
Sant Adrià	1
Sant Boi del Llobregat	1
Sant Cugat del Vallés	4
Teià	1
Terrassa	4
Vic	1
Vilanova i la Geltrú	1
Vilassar de Mar	1
Área metropolitana	**30**
Total Editoriales	**292**

Elaboración propia

Aproximadamente un 90% de las editoriales agremiadas barcelonesas se hallan en la ciudad de Barcelona. Asimismo, los títulos editados también se concentran en Barcelona como muestra el gráfico 6:

Gráfico 6: Títulos editados por distritos en 1999

Fuente: AAVV., 2002 a

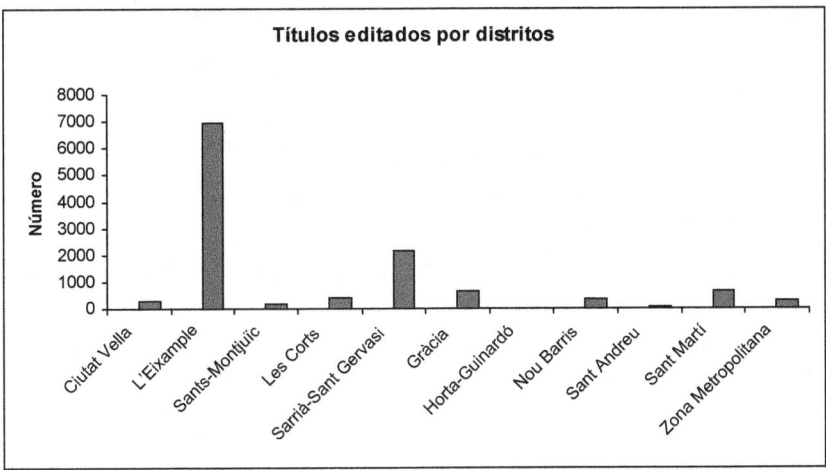

Títulos editados por distritos

Elaboración propia

De total de títulos editados, el 58% fue en el barrio de L' Eixample seguido, a cierta distancia, por Sarrià Sant-Gervasi (17.9%), Gràcia (5.46%) y Sant Martí (5.34%). En el área metropolitana se editó un 2.65%.

Resultados de la cuantificación y distribución geográfica de las editoriales

- Existe un número elevado de editoriales en toda España: 46.203.
- Solamente un 2.51% de las editoriales cuantificadas está agremiado.
- Madrid y Barcelona representan los centros de la actividad editorial.
- Debido a la centralidad administrativa, Madrid concentra las editoriales institucionales
- Barcelona supera a todas las demás ciudades en el número de editoriales agremiadas.
- Aproximadamente un 90% de las editoriales agremiadas barcelonesas se hallan en la ciudad de Barcelona.
- El número de títulos editados también se concentra en Barcelona.
- El barrio de L' Eixample reúne la mayoría de los títulos editados, seguido, a cierta distancia, por Sarrià Sant-Gervasi, Gràcia y Sant Martí.

Ranking de las editoriales

Una vez conocida la distribución geográfica de las editoriales, nos interesa saber la estructura del campo editorial barcelonés.

Para la recogida de esta información, consultamos la *Guía de Editores de España de 2000-2001* publicado por la Federación de Gremios de Editores de España[16]. En cuanto a los títulos editados, hemos cuantificado el total desde la fundación de la editorial para establecer el ranking. Actualizamos el número con información de la página web del Ministerio de Cultura[17] y datos del ISBN[18].

---

[16] www.federacioneditores.org
[17] MEC., 2002.
[18] ISBN., 2002.

Registramos 311 editoriales ubicadas en la ciudad de Barcelona y su área metropolitana. Están contempladas en la tabla anterior sobre la *Distribución geográfica de las editoriales*. El total de editoriales que aparece en dicha tabla es de 292 puesto que algunas de ellas pertenecen a los grandes grupos editoriales. Son los siguientes: **Grupo Planeta**, que reúne Larousse editorial. S.A., Editorial Planeta. S.A., Planeta Actimedia. S.A., Fascículos Planeta. S.A., Planeta Grandes Obras. S.A, Planeta Internacional. S.A., Planeta –De Agostini, Planeta UOC. S.I. y Planeta Editorial. Edición en Catalá; **Grupo Grijalbo,** que constituye Grijalbo Mondadori S.A. Arca, Editorial Crítica, Grijalbo Mondadori S.A. Grijalbo, Grijalbo-Dargaud S.A.- Editores, Grijalbo Mondadori S.A..- Junior, Grijalbo Mondadori S.A. - Libro de Mano, Grijalbo Mondadori S.A.- Mondadori, Grijalbo Mondadori S.A., Montena, Grijalbo Mondadori; **Grupo 62**, que agrupa 62 Difusió Editorial. S.L., Ediciones Península. S.A., Editorial Empúries., Muchnik Editores. S.A., RACC-62. S.L., Central Editorial 62. S.L., Edícola-62. S.L. y **Noguer y Caralt**, que reúne, siendo relativamente pequeño, Noguer, S.A., Editorial y Luis de Caralt Editor, S.A.

La tabla x 31 muestra la formación de los grupos de importancia en el ranking de las editoriales en cinco grupos; el número uno es el grupo de menos importancia y poco grado de profesionalidad mientras el cinco agrupa las editoriales más importantes.

Tabla 31. Formación de los grupos de importancia de las editoriales agremiadas según los títulos editados.

Títulos editados	Grupo
1-199	1
200-999	2
1000-2499	3
2500-4999	4
Más de 5000	5

Fuente: Consultar la lista completa en el anexo 6
Elaboración propia.

La estratificación muestra la tabla siguiente

Tabla 32: Grupos de importancia de las editoriales según los títulos editados

Grupos	Número	%
1	152	52.05
2	81	27.73
3	38	13.01
4	12	4.10
5	9	3.08
Total	**292**	**100**

Elaboración propia.

El campo editorial se estructura en cinco grupos. Como se observa, la mayoría de las editoriales se ubica en la parte baja del ranking mientras el otro lado del espectro está formado por un reducido número de editoriales del grupo de máxima importancia que incluye Grupo Planeta, Plaza & Janés, BSA, Círculo de Lectores, Salvat, Edebé, Grupo Grijalbo, Grupo 62 y Vicens Vives. El también limitado grupo de segunda importancia incluye las editoriales Edelvives-Baula, Editorial Molino, Ceac, Juventut, Galera, Orbis, Noger y Caralt, Destino, Bosch, Teide y Martínez Roca. En el tercer grupo, ya más numeroso, destacan Ariel, Paidos, Herder, Anagrama, Enciclopedia Catalana y Altaya.

Si comparamos nuestra distribución por grupos de importancia –que parte del número de títulos publicados desde la fundación de la editorial - con una distribución que se basa en el tramo de facturación de dos años concretos, observamos una estructuración similar como muestra la tabla 33 a continuación:

Tabla 33: Actividad de las Empresas editoriales agremiadas de Cataluña desde su fundación y en los años 1997 y 1999

Editoriales	1997		1999		Desde fundación		GRIMP
	Número de Empresas	% sobre el total de empresas	Número de empresas	% sobre el total de empresas	Número de Empresas	% sobre el total de empresas	
Grandes (más de 3000 M PTA)	14	5.73	14	5.6	9	3.08	5
Medianas-grandes (de 1000 a 3000 M PTA)	23	9.42	22	8.8	12	4.10	4
Medianas-medianas (de 400 a 999 M PTA)	29	11.88	31	12.4	38	13.01	3
	58	23.77	67	26.8	81	27.73	2
Medianas-pequeñas (de 100 a 399 M PTA)	119	48.77	116	46.4	152	52.05	1
Pequeñas (menos de 100 M PTA)							
Total[19]	244	100	250	100	292	100	

Fuente: www.precisa.es
Elaboración propia.

---

[19] La diferencia en el número entre los primeros dos se debe al desarrollo histórico y a la estructura empresarial: empresas desaparecen o editoriales estructuradas de forma artesanal y no industrial pueden ceder su actividad temporalmente. En la distribución estructural basada en títulos totales publicadas desde su fundación entran editoriales agremiadas aunque no registran ninguna actividad económica.

En cuanto a la dinámica reciente del sector, se ve que la estructura no ha experimentado muchos cambios entre 1997 y 1999; desde una perspectiva a largo plazo, tampoco muestra signos de cambios significativos. Considerando las editoriales desde su fundación, más del 75% son pequeñas o medianas-pequeñas, mientras que el otro lado del espectro está dominado por un reducido grupo de empresas de tamaño mediano-grande o grande igual que en tramo de facturación de 1997 y 1999.

Este hecho se hace aún más aparente si vemos la distribución por ventas como muestra la tabla 34 a continuación:

Tabla 34: Actividad de las Empresas editoriales agremiadas de Cataluña (1997)

Editoriales	Número de empresas	Ventas en M PTA	% sobre total de ventas
Grandes	14	155 579	66.50
Medianas-grandes	23	42 953	18.36
Medianas-medianas	29	18 187	7.77
Medianas-pequeñas	58	12 444	5.31
Pequeñas	119	4763	2.03
Total	**244**	**233 926**	**100**

Fuente: www.precisa.es
     Elaboración propia

Uniendo la estructura del universo de las empresas editoriales y la distribución geográfica anteriormente analizada, presentamos el gráfico 7:

Gráfico 7: Distribución de grupos de importancia por distritos

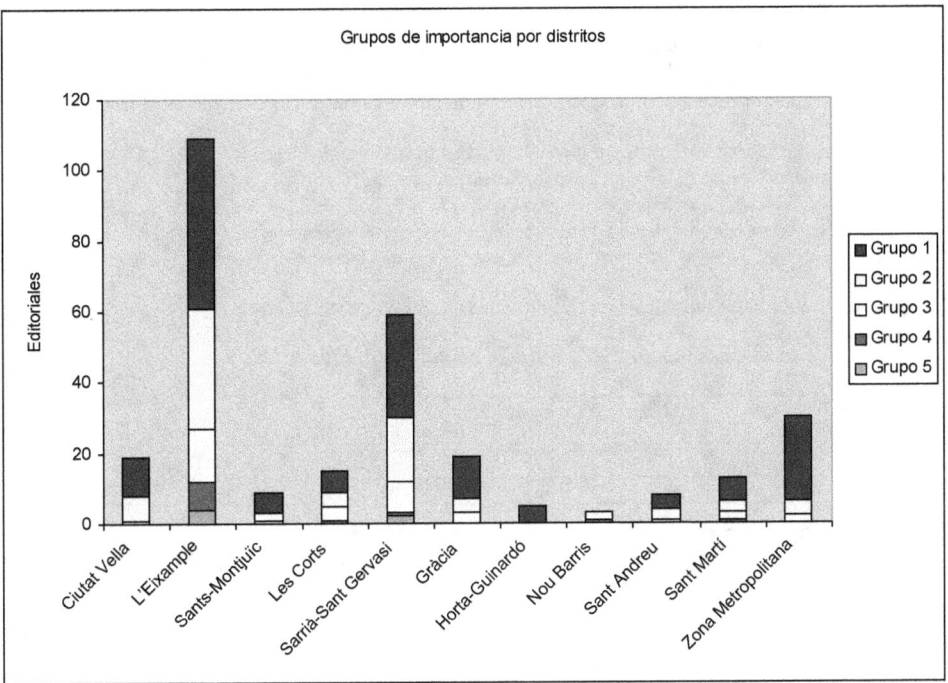

Fuente: ISBN., 2002
         Elaboración propia

Referente a la distribución geográfica vimos anteriormente que hay una máxima concentración de editoriales en L' Eixample y que también se registra cierta concentración en Sarrià-Sant Gervasi y de manera menos fuerte en Gràcia. Como muestra el gráfico, no solamente hay la máxima concentración de editoriales en L' Eixample sino que son las más importantes.

Resultados del ranking editorial

- El campo editorial se estructura de manera que la mayoría de las editoriales se ubica en la parte baja del ranking.
- La cima del espectro está formada por un reducido número de editoriales.
- El grupo de máxima importancia incluye Grupo Planeta, Plaza & Janés, BSA, Circulo de Lectores, Salvat, Edebé, Grupo Grijalbo, Grupo 62 y Vicens Vives.
- En cuanto a la dinámica reciente del sector, la estructura no ha experimentado cambios significativos entre 1997 y 1999.
- Desde una perspectiva a largo plazo esta estructura tampoco muestra signos de cambios significativos.
- Uniendo la estructura del universo de las editoriales y la distribución geográfica, se ve que no solamente hay la máxima concentración de editoriales en L' Eixample sino que son las más importantes.

Tipología de editoriales por líneas editoriales

La tipología de las editoriales que hemos confeccionado se compone de las siguientes líneas editoriales:

1. Literatura general: Incluye literatura juvenil, cómics, libros de venta por correo, artículos periodísticos de actualidad y libros de ciencia-ficción.
2. Literatura infantil: Línea editorial destinada a público infantil. Incluye recortables, troquelados, etc.
3. Divulgación: Libros ilustrados y todos aquellos destinados a la divulgación.
4. Enciclopedias y obras de consulta: Cartografía, bibliografías, fascículos.
5. Libro académico: Humanidades y ciencias sociales, bellas artes, libros religiosos, de arte, música impresa, etc. Línea editorial destinada a un público concreto y especializado.
6. Libro escolar: Todos los libros de texto y libros relacionados con la enseñanza.

La tabla 35muestra el grado de especialización de las editoriales barcelonesas.

Tabla 35. Editoriales barcelonesas y número de líneas editoriales

Líneas editoriales	Número de editoriales	%
1	91	31.16
2	78	23.71
3	54	18.49
4	31	10.61
5	21	7.19
6	2	0.68
ND	15	5.13
TOTAL	**292**	**100**

Fuente: ISBN., 2002
    Elaboración propia
    Ver anexo, Editoriales por líneas editoriales

Como muestra la tabla, más de la mitad de las editoriales barcelonesas (54.87%) está caracterizada por un alto nivel de especialización con una o dos líneas editoriales. Casi la tercera parte (29,1%) se diversificada en tres o cuatro líneas y una pequeña parte (8.59%), en cinco o seis.

Ahora analizamos la cima del ranking (los primeros dos grupos de máxima importancia) y el grupo de mínima importancia en detalle. La tabla 36 muestra las líneas editoriales del grupo de máxima importancia en el ranking:

Tabla 36: Líneas editoriales de las más importantes editoriales barcelonesas

Nª	Nombre editorial	Líneas editoriales	Grupo de Importancia
1	Grupo Planeta.	1,2,3,4,6	5
2	Plaza & Janés.	1,2,3,4,5	5
3	B.S.A.	1,2,3,4	5
4	Círculo de Lectores, S.A.	1,2,3,5	5
5	Salvat Editores, S.A.	1,3,4,5	5
6	Edebé	1,2,5,6	5
7	Grupo editorial Grijalbo	1,2,3,4,5	5
8	Grupo 62.	1,3,4,5,6	5
9	Vicens Vives, Libros	1,2,4,6	5

Fuente: ISBN., 2002
　　　　Elaboración propia

El grado de diversificación es alto; tienen cuatro o cinco líneas editoriales. Todas ellas publican literatura y libros de divulgación, con la excepción de tres que incluye literatura infantil una y, dos, enciclopedias y obras de consulta. Más de la mitad ofrece libros académicos y un poco menos de la mitad, libros escolares.

En el segundo grupo de máxima importancia, la distribución por líneas editoriales es la siguiente como muestra la tabla 37:

Tabla 37: Líneas editoriales del segundo grupo barcelonés de máxima importancia

Nª	Nombre editorial	Líneas editoriales	Grupo de Importancia
1	Edelvives-Baula	1,2,6	4
2	Molino, S.R.C., Editorial	1,2,3,4,6	4
3	Ceac, S.A.	1,3,4,5,6	4
4	Juventut,S.A.	1,2,3,4,6	4
5	Galera, S.A.	1,2,3	4
6	Orbis, S.A., Editorial	4	4
7	Noguer y Caralt, Editores.	1,2,3,4,6	4
8	Destino, S.A.	1,2,3	4
9	De Vecchi, Editorial.	3,4,6	4
10	Bosch, Casa Ed., S.A.	5	4
11	Teide S.A, Editorial	6	4
12	Martínez Roca, S.A.	1,3,5	4

Fuente: ISBN., 2002
　　　　Elaboración propia

En este segundo grupo el grado de especialización es todavía bajo, aunque haya tres editoriales con una sola línea editorial que son enciclopedias y libros de consulta, libros académicos y libros escolares. De las nueve restantes, cuatro tienen cinco líneas editoriales y cinco, tres líneas. En general, sus líneas editoriales son tan diversas como en el grupo de máxima importancia.

Al otro lado del espectro, en el grupo más grande pero de mínima importancia, se hallan mayoritariamente editoriales de una o dos líneas, cuyo número se distribuye de la siguiente manera:

Tabla 38: Número de líneas editoriales de las editoriales de menos importancia

Editoriales con	Número	%
1 línea editorial	83	54.60
2 líneas	43	30.92
3 líneas	17	11.18
4 líneas	7	4.60
5 líneas	2	1.31
6 líneas	0	0
Total	152	100

Fuente: ISBN., 2002
Elaboración propia

El grado de especialización es alto: el 85% (126) ofrece una o dos líneas editoriales; el 54.61%, una sola línea y casi una tercera parte (30.92%), dos. La tipología por líneas editoriales sería, entonces, para la mayoría de las pequeñas editoriales barcelonesas la siguiente:

Tabla 39: Líneas de las pequeñas editoriales

Líneas editoriales	Número de líneas	%
1 Literatura general	55	23.20
2 Literatura infantil	15	6.32
3 Divulgación	28	11.81
4 Enciclopedias y libros de consulta	31	13.08
5 Libro académico	84	35.44
6 Libro escolar	24	10.12
Total	237	100

Fuente: ISBN., 2002
Elaboración propia

Las líneas más representadas entre las más débiles editoriales barcelonesas son las del libro académico con un 35% seguido por literatura general con un 23%. La de menos representación es la literatura infantil con un 6%.

Resultados de la tipología por líneas editoriales

- En cuanto al número de las líneas editoriales, la tendencia es hacia la diversificación en las editoriales fuertes.
- La élite de las editoriales tiene cuatro o cinco líneas[20].
- Publican literatura, libros de divulgación, literatura infantil y enciclopedias y obras de consulta.
- Más de la mitad ofrece libros académicos y un poco menos, libros escolares.
- En el caso de las editoriales débiles, la tendencia es hacia la especialización
- Más de la mitad de las editoriales barcelonesas está caracterizada por un alto nivel de especialización manifestado en una o, como máximo, dos líneas.
- Las líneas más representadas entre las editoriales más débiles son el libro académico seguido por literatura general.

---

[20] En el segundo grupo el grado de especialización también es bajo aunque haya tres editoriales con solo una línea editorial que son: enciclopedias y libros de consulta, libros académicos y libros escolares. De las nueve restantes, cuatro tienen cinco líneas editoriales y cinco empresas tres líneas. Sus líneas editoriales son tan diversas como en el grupo de máxima importancia.

La industria de las artes gráficas

La industria de las artes gráficas

El sector de la edición destaca por su tradicional envergadura industrial. Es el sector cultural de más antigua industrialización y ha estado tradicionalmente imbricado a otras industrias que trascienden el sector cultural en su conjunto, como las artes gráficas. Estas tienen una gran tradición en Barcelona y aproximadamente el 15% de su actividad corresponde al sector del libro.

La industria gráfica es un sector que engloba características tanto del sector de los servicios como de la industria. Pertenece al mundo de los servicios porque es preciso realizar actividades como la creación y el diseño, y la producción se realiza sobre encargos concretos y no en serie. Es el soporte industrial de los principales medios de difusión escrita de la información y cultura.

La industria gráfica está compuesta por las empresas dedicadas a las artes gráficas y a los manipulados de papel y cartón. El componente artístico prevalece al industrial. En 2001 las primeras representaron un 84,2% de las empresas del sector y las últimas, el 15,8%[21]. En cuanto a la importancia industrial del sector gráfico, éste ocupa el segundo puesto dentro de los sectores industriales de la economía española por volumen de empleo y el undécimo, por cifra de negocio. La producción del sector representó en 2001 el 1,22% del PIB español (el sector de edición generó el 0,6%) que en euros significa 7,91 millones. El comercio exterior gráfico alcanzó un superávit comercial de 739,21 euros, resultando de unas exportaciones de 1.419,4 millones de euros y unas importaciones de 680,19 millones de euros. La tabla 40 compara la balanza comercial del sector gráfico y de la edición. Ambos son fuertes exportadores.

Tabla 40: Datos del sector gráfico y de edición en el 2000 (en millones de euros)

Área de actuación	Gráfico	Edición
Exportación	1.419,4	531,16
Importación	680,19	121,34
Superávit	**739,21**	**409,82**

Fuente: www.mcu.es Panorámica de la edición española de libros 2000.
       www.industriagraficaonline.com
       Elaboración propia

---

[21] Arza, R., "El sector gráfico español alcanza una facturación de 7.945 millones de euros". Pagina 4. 31. I.03.
www.industriagraficaonline.com

La estructura empresarial del sector

El sector gráfico se caracteriza por una gran atomización, la gran mayoría de las empresas tiene un tamaño reducido y se caracterizan por su debilidad estructural. La tabla 41 muestra el número de trabajadores por empresa, indicador de la estructura empresarial.

Tabla 41: Estructura empresarial del sector gráfico

Empresas y número de trabajadores	Porcentaje
> 2	43,6
3 - 5	22,0
6-9	13,5
10-19	10,9
20-49	7,2
< 50	2,6
Total	**100,0**

Fuente: Arza, R., "El sector gráfico español alcanza una facturación de 7.945 millones de euros".
        Página 4. 31. I.03. www.industriagraficaonline.com
        Elaboración propia

La cifra de las empresas del sector con menos de diez empleados representó en 2001 el 79,3% del total. Casi la mitad no tiene más de dos trabajadores y sólo un 2,6% sobrepasa de cincuenta.

Distribución geográfica de las empresas del sector gráfico

La gran importancia de la relación directa entre el demandante y el proveedor de servicios gráficos ha implicado que, tradicionalmente, las empresas se hayan ubicadas cerca de las zonas con mayor concentración empresarial o institucional y, por tanto, con mayor número de clientes. Gracias a esta tendencia, las zonas con mayor potencial económico y vigor empresarial concentran el grueso del sector, localizándose en Cataluña y Madrid cerca del 50% del total de las empresas del sector, como muestra la tabla 42:

Tabla 42: Distribución geográfica del sector gráfico por subsectores en %

Área geográfica/subsector	Artes gráficas	Manipulados
Cataluña	25,5	34,0
Madrid	23,7	16,9
Resto de España	50,8	49,1
Total	**100,0**	**100,0**

Fuente: Arza, R., "El sector gráfico español alcanza una facturación de 7.945 millones de euros".
        Página 4. 31. I.03. www.industriagraficaonline.com
        Elaboración propia

Empresas de la industria gráfica en Barcelona y Madrid

La industria gráfica está compuesta por las empresas dedicadas a las artes gráficas y a los manipulados. En ambos subsectores se pueden producir las fases de preimpresión (tratamiento de texto y de la imagen), impresión en cualquiera de sus formas (offset en hoja, offset en bobina, huecograbado, serigrafía flexografía, e impresión digital), y encuadernación, acabado y manipulaciones finales[22].
La tabla 43 muestra las empresas ubicadas en Barcelona y Madrid.

Tabla 43: Número de empresas del mundo editorial en Barcelona y Madrid en el 2002

Empresas/ ciudad	Barcelona	Madrid
Fabricantes de papel	33	16
Distribuidores y Almacenes de papel	74	55
Suministros para preimpresión	49	50
Servicios preimpresión	50	352
Suministradores para impresión offset	114	43
Impresión offset	43	103
Rotativas	11	15
Suministros para impresión digital	65	49
Servicios para impresión digital	49	237
Suministros para la manipulación de papel y cartón	237	22
Manipuladores de papel y cartón	**237**	**178**
Suministros para envase plegable	38	14
Envases plegables	108	37
Suministros de cartón ondulado y cajas	78	23
Fábricas de cartón ondulado y cajas	23	42
Suministros para envases y materiales flexibles	42	16
Conversión de envases y materiales flexibles	16	66
Suministros para serigrafía y tamponaría	99	34
Impresión de serigrafía y tamponaría	236	143
Agencias de publicidad	**454**	**766**
Diseño Gráfico	**276**	**248**
Empresas de servicios	58	22
Total	**2390**	**2531**

Fuente: www.alabrent.com, Portal de Artes gráficas.
Elaboración propia.

En general, el número de empresas del mundo editorial de ambas ciudades es parecido, aunque existen algunas diferencias. Las empresas dedicadas a las artes gráficas tienen un número parecido en Madrid y Barcelona y ambas superan a las de manipulados de papel y cartón; no obstante, hay mucho menos fabricantes, distribuidores y suministros para la manipulación de papel y cartón en Madrid que en Barcelona, habiendo en Madrid muchos más servicios de preimpresión, impresión digital y agencias de publicidad[23].

---

[22] Arza, R., "El sector gráfico español alcanza una facturación de 7.945 millones de euros". Pagina 2. 31.I.03. www.industriagraficaonline.com

[23] Últimamente, han proliferado un gran número de empresas a causa de las nuevas tecnologías, sobre todo en los ámbitos de

Resultados

- En la composición del sector el componente artístico prevalece el industrial. En 2001 las empresas dedicadas a las artes gráficas representaron un 84,2% y los manipulados de papel y cartón, el 15,8%.
- La producción del sector representó en 2001 el 1,22% del PIB español (el sector de edición generó el 0,6%).
- El sector gráfico cuenta con un importante saldo exportador positivo.
- La estructura empresarial del sector se caracteriza por una gran atomización; la gran mayoría de las empresas tiene un tamaño reducido y una debilidad estructural importante.
- La distribución geográfica de las empresas sigue la concentración empresarial del sector de edición, localizándose en Cataluña y Madrid cerca del 50% del total de las empresas del sector.
- Ambas ciudades tienen un parecido número de empresas de artes gráficas que superan a las de manipulados de papel y cartón. Hay menos empresas de manipulación en Madrid donde, en cambio, se hallan más servicios de impresión digital y agencias de publicidad.

---

preimpresión, imprentas rápidas y reprografía.

La formación

Introducción

Actualmente existen en España decenas de talleres literarios, escuelas de letras y cursos de escritura creativa. El panorama es muy heterogéneo. Hay un sinfín de talleres que son fugaces y difíciles de conocer debido a su carácter independiente, desvinculado de organismos oficiales y con una publicidad muy restringida, la mayoría canalizada a través de pequeños anuncios en la prensa local, carteles o folletos. La poca tradición que en España tiene la enseñanza de la escritura creativa hace que sean escasos los centros estables y de carácter homologado.

Este apartado se enfoca en el papel que juega la enseñanza especializada en cuanto a formación literaria y formación técnica; la primera de vertiente creativa escritora, la secunda de carácter industrial.

Empezamos con la cuantificación de algunos centros no homologados de cierta reputación en Madrid y Barcelona. Segundo, pasamos a los centros homologados por distritos de Barcelona y una tipología de los contenidos. Tercero, nos fijamos en los cursos específicos de carácter técnico como respuesta a la demanda del sector. Como último vemos el papel de las universidades y terminamos evaluando el impacto de la enseñanza de la escritura creativa a todos los niveles, no homologado, homologado y universitario en las trayectorias de los autores.

Centros no homologados

La tabla 44 muestra los centros no homologados que reclaman una cierta reputación y, sobre todo, han mostrado una cierta regularidad durante los últimos años. Como referencia se utilizó la Guía de Escritor, editada por los Talleres de Escritura Creativa a Distancia Fuentevieja[24]. Como se observa, son más bien pocos si los comparamos con los centros de enseñanza especializada técnica que cuantificamos en 51 sólo en Barcelona (ver más adelante).

Tabla 44: Centros no homologados de reputación reconocida

Nombre	Ubicación
Talleres de Escritura Creativa a Distancia Fuentevieja	Madrid
Escuela de Letras	Madrid
Cursos y Talleres de Escritura Creativa	Madrid
Taller de Escritura	Madrid
Asociación Internacional de Talleres de Escritura Creativa	Barcelona
Aula de Letras	Barcelona
Context	Barcelona
Gratfein. Escritura Creativa	Barcelona
Taller de Escritura Creativa	Barcelona
L'Escola d'Escriptura i Humanitats de l'Ateneu Barcelonés	Barcelona
Escola de Lletres de Valencia	Valencia

Fuente: Guía de Escritor. 1996; www.fuentetajaliteraria.com

---

[24] www.fuentetajaliteraria.com

Centros homologados

Al otro lado del espectro se sitúan los centros de enseñanza artística homologadas. Algunos de ellos ofrecen especialidades relacionadas con el mundo de la edición: no imparten cursos de escritura creativa. Además están las universidades que, recientemente, ofrecen cursos de este tipo. La tabla 45 muestra a continuación los centros de enseñanza artística homologadas y distingue entre privados y públicos y cuatro tipos de enseñanza.

Tabla 45: Centros de enseñanza artística homologada por distritos de Barcelona

Distrito	Centros privados	Tipo de enseñanza	Centros públicos	Tipo de enseñanza	Total
Ciutat Vella	0	0	1	1,3,4	1
L'Eixample	5	1,4	3	1,2,3	8
Sants-Montjuïc	1	1	1	1	2
Les Corts	1	1	0	0	1
Sarrià-Sant Gervasi	5	1,2,3,	1	1,4	6
Gràcia	1	1	0	0	1
Horta-Guinardó	0	0	2	1	2
Nou Barris	0	0	0	0	0
Sant Andreu	0	0	0	0	0
Sant Martí	2	1	1	1	3
Total Barcelona	15		9		24

*Tipo: 1 = Bachillerato con modalidad de artes
        2 = Formación profesional de grado medio (encuadernación y manipulación de papel y cartón e impresión en artes gráficas)
        3 = Formación profesional de grado superior (diseño y producción editorial; producción en las industrias de artes gráficas)
        4 = Enseñanza de artes aplicadas y oficios artísticos

Fuente: Gencat. Department d'Ensenyamant. 2002
        Elaboración propia

Los distritos en los que se concentran los centros de enseñanza artística homologada son L'Eixample y Sarrià-Sant Gervasi, seguidos a cierta distancia por Sant Martí, Gràcia y Sants-Montjuïc.

Referente al contenido de su programas, se observa en la tabla 46 que la mayoría ofrece el bachillerato con modalidad de artes y sólo unos pocos formación profesional de grado medio (encuadernación y manipulación de papel y cartón e impresión en artes gráficas), formación profesional de grado superior (diseño y producción editorial; producción en las industrias de artes gráficas) y enseñanza de artes aplicadas y oficios artísticos.

Tabla 46: Tipo de enseñanza artística homologada por centro

Centros	Número	Tipo 1	Tipo 2	Tipo 3	Tipo 4
Privados	15	15	1	2	1
Públicos	9	9	1	2	2
Total	24	24	2	4	3

Fuente: Gencat. Department d'Ensenyamant. 2002
Elaboración propia

Además de ellos, en Barcelona la enseñanza homologada es complementada por los cursos que ofrecen los gremios profesionales. Igual que en los centros homologados mencionados anteriormente, no se imparten cursos de orientación literaria sino especialmente en el caso de los gremios se imparten cursos orientados a la demanda de la industria. La tabla 47 muestra el número de cursos ofrecidos por los gremios en Barcelona.

Tabla 47: Cursos específicos ofrecidos por centros en el 1997

Titular del curso	Número de cursos
Fundació Indústries Gràfiques	35
Gremi d'Editors de Catalunya	15
Gremi de Llibreters de Barcelona i Catalunya	1
Total	51

Fuente: Gencat. Institut Catalá de Noves Professions. Barcelona. 1997.
Elaboración propia

De un total de 51 cursos, la Fundació Indústries Gràfiques imparte casi el 70% y el Gremi d'Editors de Catalunya, el 30%. El Gremi de Llibreters de Barcelona i Catalunya ofrece sólo un curso. (La lista detallada puede ser consultada en el anexo 8)

El papel de las universidades

El papel de las universidades en cuanto a formación de escritores no es muy significante si se compara con Francia, Alemania, Reino Unido y Estados Unidos, donde existe desde hace décadas una gran tradición en las universidades de la enseñanza de este tipo. En España, y sólo recientemente, algunas universidades ofertan cursos de escritura creativa.

En Cataluña, la Universidad Rovira i Virgili ofrece un Máster en escritura literaria y guionaje y la Universitat Pompeu Fabra, organiza un seminario trimestral de escritura. La reputación de este seminario se encuentra todavía en vías de desarrollo dada su reciente creación y su incidencia en el mundo de la edición ha sido hasta ahora más bien poco. Para corroborar este hecho, hemos repasado la información biográfica de los 71 escritores de la jerarquía artístico-profesional de los escritores en lengua castellana confeccionada en este informe. (Ver anexo 3). Ninguno de ellos ha visitado un taller de escritura creativa como alumno.

Resultados

-   Los centros no homologados de enseñanza de escritura de cierta reputación son pocos comparados con los centros de enseñanza especializada técnica industrial.
-   Estos centros se concentran geográficamente en Madrid y Barcelona
-   Los centros de enseñanza artística homologada ofrecen cursos de formación profesional relacionados con el mundo de la edición pero no de escritura creativa.
-   Los distritos en los que se concentran los centros de enseñanza artística homologada son L'Eixample y Sarrià-Sant Gervasi, seguidos a cierta distancia por Sant Martí, Gràcia y Sants-Montjuïc.
-   La mayoría de los cursos técnicos son impartidos, por la Fundació Indústries Gràfiques y el Gremi d'Editors de Catalunya.
-   El papel de las universidades en cuanto a formación de escritores es poco significante. Sólo recientemente incluyen algunas pocas universidades cursos de escritura creativa.

Las distribuidoras

Un total de 213 empresas constituyen el universo de distribuidoras asociadas a FANDE (Federación de Asociaciones Nacionales de Distribuidores de Ediciones). Como se puede apreciar en la tabla 48 el número global de las empresas apenas varia

Tabla 48: Caracterización de las empresas distribuidoras de libros

Facturación en millones de pesetas	Nº Empresas			
	1997	1998	1999	2000
Hasta 500	90	92	85	73
De 501 a 1000	39	38	36	42
De 1.001 a 3000	46	40	51	53
Más de 3.000	40	41	42	45
TOTAL	215	211	214	213

Fuente: Precisa. 2001. www.precisa.es

en los últimos años. Así pasan de 215 en 1997 a 213 en el 2000. Pero como puede verse en la clasificación por tramos de facturación, en 1999 hay un aumento de las empresas por encima de 500 millones de pesetas de alrededor del 12%, mientras que, por el contrario, el número de empresas pequeñas disminuyó en torno al 14%.

Volumen de negocio

El volumen de negocio de la distribución ha crecido constantemente durante los últimos cinco años, salvo una pequeña incursión en 1999, como puede verse en el gráfico 8.

Gráfico 8: Cifra de facturación 1996-2000

Fuente: Precisa. 2001. www.precisa.es

Este incremento del 20% de facturación durante los últimos cinco años ha causado que las empresas distribuidoras tienden a especializarse en la distribución libros, cediendo la distribución de otros productos o persiguiendo otras actividades casi por completo.

Tipo de producto distribuido

En el 2000 cerca de dos tercios de las empresas (el 63,8%) distribuyeron libros y un 36,2%, publicaciones periódicas. Además el 9,4% realizó otras actividades. Como muestra la tabla 49, durante los últimos cinco años la tendencia de las distribuidoras ha

Tabla 49: Distribuidoras por tipo de producto

Año/%	1996	1997	1998	1999	2000
Libros	60,6	61,2	59,0	61,4	63,8
Publicaciones periódicas	39,4	38,7	41,0	38,6	36,2
TOTAL	100,0	99,9	100,0	100,0	100,0
Otras Actividades	35,8	30,5	21,3	7,1	9,4

Fuente: Precisa 2001. www.precisa.es

sido de incrementar la distribución de libros en detrimento de las publicaciones periódicas y dirigirse hacia la especialización, abandonando casi por completo las otras actividades, que han bajado de un 35,8% a un 9,4%.
Como se ve en el apartado sobre las librerías, en ellas se concentran las canales de comercialización. Respecto a la comercialización del libro esta concentración se traduce en un 60% de los libros distribuidos a librerías como muestra el gráfico 9.

Gráfico 9: Canales de distribución de libros

Canales de distribución según tipo de productos. Libros

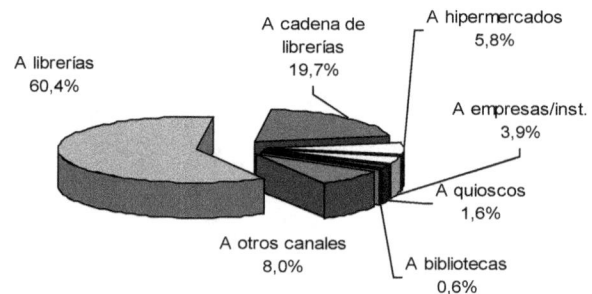

A cadena de librerías 19,7%
A hipermercados 5,8%
A librerías 60,4%
A empresas/inst. 3,9%
A quioscos 1,6%
A otros canales 8,0%
A bibliotecas 0,6%

Distribución geográfica

Tabla 50: Empresas distribuidoras en Madrid y Barcelona*

Ciudad/ Nivel de distribución	Barcelona	Madrid
Bibliotecas	1	5
Centros de enseñanza	1	6
Grandes Superficies	18	35
Librerías	29	54
Papelerías	2	3
Quioscos	10	16
Tiendas de Conveniencia	7	4
Otros	27	43
Total	**95**	**166**

Fuente: Precisa. 2001. www.precisa.es
      Elaboración propia.

* no todos asociados a FANDE

Comparando Barcelona directamente con Madrid, esta última alberga un 75% más de empresas distribuidoras que la primera. La proporción de número de distribuidoras y su volumen de negocio comparado con el resto de España se observa en la tabla x 51.

Tabla 51: Distribución geográfica y volumen de negocio

Distribuidoras de Madrid	• Son el 48% de las empresas distribuidoras de libros • Distribuyen el 57% de los ejemplares • Suponen el 61% de la cifra de facturación por libros
Distribuidoras de Barcelona	• Son el 26% de las empresas distribuidoras de libros • Distribuyen el 34% de los ejemplares • Suponen el 28% de la cifra de facturación por libros
Resto de España	• Son el 26% de las empresas distribuidoras de libros • Distribuyen el 9% de los ejemplares • Suponen el 11% de la cifra de facturación por libros

Fuente: Precisa. 2001. www.precisa.es
      Elaboración propia.

El 48% de las empresas distribuidoras están ubicadas en Madrid. Distribuyen el 57% de los ejemplares y suponen el 61% de facturación de libros. El 26% se ubican en Barcelona, distribuyen el 34% de los ejemplares y facturan un 28% del total. Las distribuidoras que se hallan en el resto de España también suponen el 26%, distribuyen el 9% y facturan el 11% en total.

Las librerías

Las librerías representan el 44% de los canales de comercialización de los productos editoriales seguidos por la venta a crédito, con un 15% y las grandes superficies con un 8.7%[25]. Por esta razón, las librerías se consideran detalladamente en este apartado.

Se configuró una tabla con las librerías agremiadas de Cataluña (ver anexo 9) y se registró la distribución geográfica en Cataluña, el área metropolitana y la Ciudad Condal, además de su desarrollo histórico. Asimismo se confeccionó una tipología de las librerías en la que se incluyó su disposición o no de Internet.

Las librerías de Cataluña

El número de librerías agremiadas de toda Cataluña ha experimentado un continuo descenso durante la última década con la excepción de 1998 donde se recuperó ligeramente para continuar descendiendo en los años siguientes como muestra la tabla 52.

Tabla 52: Número de librerías catalanes

Año	Número de librerías
1994	554
1995	545
1996	503
1997	494
1998	529
1999	504
2000	486

Fuente: Gencat. 1996 y 2001.

---

[25] Precisa. Comercio del libro 2000.

La mayor concentración de librerías se halla en la ciudad de Barcelona; le sigue el área metropolitana y, después, el resto de Cataluña como muestra la tabla 53.

Tabla 53: Librerías agremiadas según localización geográfica en 2002

Área	Número de librerías	%
Barcelona	**220**	**55,69**
Área Metropolitana	104	26,32
Resto Cataluña	71	17,97
Total	**395**	**100,0**

Fuente: Gremi de Llibreters de Barcelona i Catalunya. 2002.
Elaboración propia

De las 395 librerías registradas en el 2002, 220 se hallan Barcelona, lo que significa el 55,69%; los 104 del área metropolitana representa el 26,32% y el resto de Cataluña, con 71, el 17,97%.

Tipos de librerías

Este apartado diferencia entre tres tipos de librerías: general, general con secciones y la especializada. Como muestra la tabla 54, de las 395 librerías agremiadas en el año 2002, casi un 70% son de tipo general, poco menos del 25% las especializadas y alrededor del 5% las generales con secciones.

Tabla 54: Librerías en Cataluña por tipos

Tipo	Número	%
Librería general	275	69.62
Librería general con secciones	20	5.06
Librería especializada	100	25.31
Total	**395**	**100**

Fuente: Gremi de Llibreters de Barcelona i Catalunya. 2002.
www.gremidellibreters.cat
Elaboración propia.

Su distribución geográfica es la siguiente:

Tabla 55: Tipos de librería por área

Área/Tipo	general	con secciones	especializada	total librerías
Barcelona	145	1	74	220
Área Metropolitana	97	2	5	104
Resto Cataluña	33	17	21	71
Total	**275**	**20**	**100**	**395**

Fuente: Gremi de Llibreters de Barcelona i Catalunya. 2002.
Elaboración propia.

Las librerías de tipo general, el grupo más representativo, se concentran en Barcelona y el área metropolitana; en el resto su presencia es baja. En se encuentran pocos. Las librerías con secciones, si bien relativamente pocas, se concentran en el resto de Cataluña y se encuentra sólo dos en el área metropolitana y una, en la ciudad. Las especializadas se concentran en Barcelona (74%) y el resto está disperso por Cataluña con un 21%, en el área metropolitana aparecen en un 5%.

Las librerías de la ciudad

En el año 2002 Barcelona alberga 220 librerías. La tendencia generalizada a la baja se ve reflejada en el gráfico 10 por distritos.

Gráfico 10: Distribución geográfica de las librerías de Barcelona en los años 1988 y 2002.

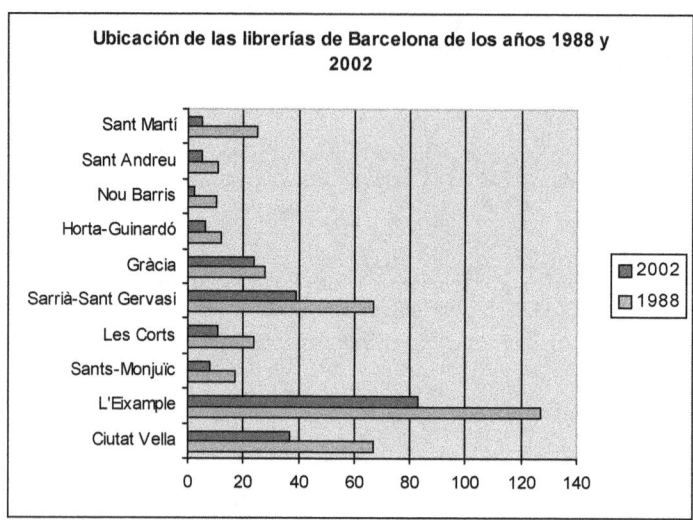

Fuente: Gremi de Llibreters de Barcelona i Catalunya. 2002.
    Elaboración propia.

En 1988 el distrito con mayor presencia de librerías fue L'Eixample seguido por Ciudad Vella y Sarrià-Sant Gervasi. A cierta distancia se hallaron Gràcia, Sant Martí y Les Corts. Cierran la lista Sant Andreu y Nou Barris.
En 2002 L'Eixample sigue teniendo el mayor número de librerías, seguido por Sarrià-Sant Gervasi y Ciudad Vella, éstos intercambiando posiciones respecto a 1988. Gràcia mantiene hasta cierto punto sus librerías pero Sant Martí pierde muchas de ellas y se une a las colistas Sant Andreu y Nou Barris.

La tabla 56 muestra la variación en detalle. En total, Barcelona sufrió un descenso del 43,29% entre 1988 y 2002. Todos los distritos experimentaron la misma tendencia, destacando Nou Barris y Sant Martí cuyos descensos fueron del 80% frente a Gràcia, que sólo pierde un 15%.

Tabla 56: Descenso de librerías en Barcelona entre 1988 y 2002 por distritos

Distrito	1988	2002	% Variación
01 Ciutat Vella	67	37	-44,77
02 L' Eixample	127	83	-34,64
03 Sants-Montjuïc	17	8	-52,94
04 Les Corts	24	11	-54,16
05 Sarrià-Sant Gervasi	67	39	-41,79
06 Gràcia	28	24	-14,28
07 Horta-Guinardó	12	6	-50,00
08 Nou Barris	10	2	-80,00
09 Sant Andreu	11	5	-54,54
10 Sant Martí	25	5	-80,00
Total	**388**	**220**	**-43,29 %**

Fuente: Gremi de Llibreters de Barcelona i Catalunya. 2002.
        Elaboración propia.

Aun así Barcelona concentra la mayoría de las librerías: 220 sobre las 395, lo que significa un 55,69% de las librerías de Cataluña tal como se vio anteriormente; y si se añade las del área metropolitana que son 104, se llega a una concentración de librerías en Barcelona y su área metropolitana de un 82,02%.
En cuanto a su tipología, vimos que las librerías generales y las especializadas   también se concentran en esta zona; la tabla 57 muestra la distribución de librerías por tipo en Barcelona.

Tabla 57: Tipos de librerías por distrito en 2002

Distrito	Librerías	Generales	Con sección	Especializadas
01 Ciutat Vella	37	17	0	20
02 L'Eixample	83	40	1	42
03 Sants-Montjuïc	8	6	0	2
04 Les Corts	11	9	0	2
05 Sarrià-Sant Gervasi	39	36	0	3
06 Gràcia	24	20	0	4
07 Horta-Guinardó	6	6	0	0
08 Nou Barris	2	2	0	0
09 Sant Andreu	5	5	0	0
10 Sant Martí	5	4	0	1
Total	**220**	**145**	**1**	**74**

Fuente: Gremi de Llibreters de Barcelona i Catalunya. 2002.
Elaboración propia.

En L'Eixample se encuentra en el mayor número de las librerías de los tres tipos; en menor número lo sigue Sarrià-Sant Gervasi y Gràcia. En Ciudad Vella se concentran también las librerías especializadas.
Como último punto de este apartado detallamos la cuantificación y distribución geográfica de las librerías con páginas web.

Las librerías y Internet

Como muestra la tabla 58, en términos generales pocas librerías ofrecen una página web.

Tabla 58: Librerías con página web en el año 2002

Librerías/área	Barcelona	Área Metropolitana	Resto de Cataluña
Con web	47	9	13
Total librerías	220	104	71
% del total	**21,36**	**8,4**	**18,3**

Fuente: Gremi de Llibreters de Barcelona i Catalunya. 2002.
Elaboración propia.

En Barcelona el porcentaje representa un poco más del 20%, en el área metropolitana aproximadamente el 18% y en el resto de Cataluña el 8%. Este hecho se debe a la circunstancia de que Internet sólo representa el 0.2%[26] de los canales de comercialización frente a los 44% de las librerías.

---

[26] Ibídem.

Resultados

- Las librerías representan un 44% de las canales de comercialización de los productos editoriales seguido por la venta a crédito con un 15% y las grandes superficies con un 8.7%.
- El número de librerías agremiadas en toda Cataluña ha experimentado un continuo descenso de un casi 50% durante la última década.
- La mayor concentración de librerías se halla en la ciudad de Barcelona y su área metropolitana.
- De las 395 librerías agremiadas en el año 2002, casi un 70% son de tipo general, seguido por las especializadas, 25%. Las generales con secciones el 5%.
- En Barcelona el distrito con mayor presencia de librerías fue, en 1988, L'Eixample, seguido por Ciudad Vella y Sarrià-Sant Gervasi; a cierta distancia se hallaron Gràcia, Sant Martí y Les Corts. Los distritos con menos librerías eran Sant Andreu y Nou Barris.
- En 2002, L'Eixample sigue teniendo el mayor número, seguido por Sarrià-Sant Gervasi y Ciudad Vella, éstos dos intercambiando posiciones. Gràcia mantiene hasta cierto punto sus librerías. Sant Martí pierde muchas librerías y se une a las colistas Sant Andreu y Nou Barris.
- L'Eixample, donde se halla el mayor número de las librerías, también concentra las librerías generales y especializadas. Sarrià-Sant Gervasi y Gràcia albergan las librerías generales seguido por Ciudad Vella, donde asimismo se halla otro centro de librerías especializadas.
- Pocas librerías tienen página web.
- En Barcelona el porcentaje representa un poco más del 20%, en el área metropolitana aproximadamente el 18% y en el resto de Cataluña el 8%. Este hecho se debe a la circunstancia de que Internet sólo representa el 0.2% de los canales de comercialización frente a los 44% de las librerías.

Los premios y los agentes literarios

Respecto a las trayectorias artísticas y al consumo de las obras, los premios literarios representan un elemento clave en la cadena que se inicia con la solitaria actividad de escribir y culmina en el reconocimiento público. Siempre hay un antes y un después de ganar un premio importante; significa el espaldarazo a quienes lo ganan y marca claramente el camino hacia el éxito. A veces se descubren nuevos talentos o se consolidan autores de larga trayectoria profesional. Asimismo, suponen una promoción de la lectura, de las ventas y de las propias editoriales, igual que de todo un sector. La fuerza de éste, puede ser indicada por la ubicación geográfica de los premios. (Ojalá tuviese la débil industria cinematográfica catalana premios de semejante importancia como los premios literarios celebrados en Barcelona.)

Por su importancia, ganar los premios más importantes no es fácil para cualquier autor; por esta razón intervienen últimamente de forma creciente las agencias literarias. Para los recién llegados y los que no tienen agente literario el camino hacia los galardones, por lo tanto, empieza por los premios pequeños.

Como consecuencia, este apartado comienza con los premios pequeños de carácter local en el ámbito de la ciudad. Seguidamente consideramos los premios catalanes y finalizamos los de ámbito nacional. Concluimos analizando el papel de los agentes literarios en el entorno de los premios y como intermediario entre el autor y el editor en el mundo editorial en general.

Premios literarios barceloneses

La información sobre los premios literarios de la ciudad se extrajo de la página web de la Generalitat y recoge los premios literarios barceloneses. Obtuvimos información sobre 51 premios de los que se detalló el tipo de entidad convocante, la dotación y para medir la importancia del premio en el ámbito nacional, si figura como tal en el Anuario El País o en la lista de premios literarios confeccionado por la Asociación de Editoriales Universitarias Españolas (AEUE). De antemano, hay que decir que ninguno de ellos aparece en ellos. Los tipos de entidades convocantes son: editoriales; instituciones públicas que incluye gobiernos, ayuntamientos, fundaciones y bibliotecas públicas; instituciones privadas que reúne cajas, fundaciones, parroquias, omniums culturales, revistas, librerías y gremios de escritores. Bajo dotación figura el importe del premio, obsequios, ayudas y difusión de la obra. La lista detallada se puede consultar en el anexo 10. La tabla 59 muestra los premios barceloneses por importancia económica.

Tabla 59: Premios literarios barceloneses por dotación

Dotación	N° premios	%
Sólo obsequios, etc.	4	7,84
Hasta 3000 Euros	23	45,00
Hasta 6000 Euros	14	27,45
> 6000 Euros	10	19,60
TOTAL	**51**	**100,0**

Fuente: Gencat.2002
　　　Elaboración propia

Existe un importante número de premios en el ámbito de la ciudad. Casi la mitad supera los 3000 euros y casi un 20% de los premios barceloneses supera los 6000 en dotación (en comparación, el premio *Josep Pla de Narrativa en Catalán* otorga 12.000; el *Nadal*, 18.000 y el *Planeta*, 300.000 euros). La relativa escasez económica se explica por su condición de premios en el ámbito local y por la composición de sus patrocinadores; sólo dos casos cuentan con la participación de las editoriales y casi la mitad depende de instituciones públicas, como muestra la tabla 60.

Tabla 60: Premios literarios barceloneses por entidad

Entidad	N° premios/ participación	%
Editorial	2	3,07
Institución pública	28	43,07
Institución privada	35	53,84
TOTAL	**65***	**100,0**

* Hay premios convocados conjuntamente por varios tipos de entidades. Por lo tanto, el total es de 65 premios.
Fuente: Gencat.2002
        Elaboración propia

Como paso siguiente consideramos los premios literarios en catalán.

Premios literarios catalanes

Presentamos en la tabla 61 los premios literarios en lengua catalana por entidad e importancia nacional. Basado en la página web de cultura de la Generalitat, cuantificamos 41 premios y los relacionamos con las entidades convocantes. Además comprobamos su proyección nacional con el Anuario El País y la lista de los premios nacionales confeccionado por la Asociación de Editoriales Universitarias Españolas (AEUE). La lista detallada puede ser consultada en el anexo 11.

Tabla 61: Premios literarios catalanes por entidad y trascendencia nacional

Entidad	N° premios/ Participación	%	Mención como premio nacional
Editorial	15	29,41	2
Institución pública	12	23,52	0
Institución privada	24	47,05	1
TOTAL	**51***	**100,0**	**3**

* Hay premios convocados conjuntamente por varios tipos de entidades. Por lo tanto, el total es de 51 premios.
Fuente: Gencat.2002
        Anuario. El País. 2001; www.elpais.com/archivo/anuario
        www.aeue.es.2002.
        Elaboración propia

En cuanto a los patrocinadores, las instituciones privadas ocupan casi la mitad, mientras que las públicas y las editoriales participan casi por igual. Comparado con los premios barceloneses analizados anteriormente y representados en la tabla anterior, la participación de las instituciones privadas sigue siendo parecida, mientras que la de las editoriales aumentó y la de las instituciones públicas disminuyó sustancialmente.

Respecto a la proyección nacional de los premios en catalán, tres de los 41 figuran en el Anuario El País o en la lista de la AEUE, ambos indicadores de importancia nacional. Estos tres premios son el *Josep Pla*, *Ramon Llull* y el *Sant Jordi*.

Premios literarios españoles

Cruzando la lista del Anuario El País y la de la Asociación de Editoriales Universitarias de España (AEUE), confeccionamos una tabla con los más relevantes premios literarios de ámbito nacional. Asimismo, completamos la información con la entidad convocante, la dotación y el lugar de convocatoria. La lista completa aparece en el anexo 12. A continuación presentamos la tabla 62 con los premios nacionales por dotación.

Tabla 62. Premios españoles por dotación

Dotación	N° premios	%
ND.	16	27,58
Hasta 6000 euros	15	25,86
Hasta 15.000 euros	16	27,58
< 15.000	11	18,96
TOTAL	**58**	**100.00**

Fuente: Asociación de Editoriales Universitarias Españolas .www.aeue.es. 2002.
       Anuario El País 2001.
       Elaboración propia

Existe un importante número de premios de ámbito nacional. De entrada, casi todos cuentan con dotaciones importantes y casi un 20% supera los 15.000 euros. En este último grupo, sin embargo, la gama es muy amplia, empezando con 18.000 y culminando en 300.000 euros. Los top tres son el premio *Planeta* que otorga 300.000 euros, seguido por el *Fernando Lara de Novela* con 120.000 euros (también de la editorial Planeta) y el *Cervantes*, que otorga 90.000 euros. La tabla 63 muestra la estratificación amplia de este grupo de máxima importancia. Se observa además, que se convocan más premios importantes en Barcelona que en el resto de España (cinco de once). En cuanto a los patrocinadores, la mayoría de los premios más importantes es convocada por las editoriales. Si expandamos el ranking e incluimos a los premios de 15.000 euros, abarcaremos los primeros diecinueve puestos que reúnen prácticamente a todos los premios nacionales convocados en Madrid por entidades públicas, salvo el premio *Sant Joan*, cuya entrega se celebra en Barcelona.

Tabla 63: Los más importantes premios literarios de ámbito español

N°	Nombre	Tipo de entidad que lo convoca*	Dotación	Lugar
1**	Planeta	1	**300.000 EU**	BCN
2	Fernando Lara de Novela	1	**120.000 EU**	BCN
3	Cervantes	3	**90.000 EU**	Madrid
4	Ateneo de Sevilla	1	**60.000 EU**	Sevilla
5	Plaza & Janés Internacional de Novela	1	**60.000 EU**	BCN
6	Nacional de Letras	2	**30.000 EU**	Madrid
7	Jaén de Narrativa	3	**24.000 EU**	Granada
8	Angel Guerra	2	**21.000 EU**	Lanzarote
9	Gonzálo Torrente Ballestar	2	**18.000 EU**	La Coruña
10	Nadal	1	**18.000 EU**	BCN
11	Ramon Llull de Novela Catalana	1	**18.000 EU**	BCN
12	Nacional (ensayo)	2	15.000 EU	Madrid
13	Nacional (narrativa)	2	15.000 EU	Madrid
14	Nacional (poesia)	2	15.000 EU	Madrid
15	Nacional de Crítica Literaria (narrativa)	2	15.000 EU	Madrid
16	Nacional de Literatura Infantil	2	15.000 EU	Madrid
17	Nacional de Crítica Literaria (poesía)	2	15.000 EU	Madrid
18	Nacional de la Literatura Dramática	2	15.000 EU	Madrid
19	Sant Joan de Literatura Catalana	3	15.000 EU	BCN

*   1 = editoriales; 2 = instituciones públicas; 3 = instituciones privadas
**   En negrita los premios de máxima importancia
Fuente: Asociación de Editoriales Universitarias Españolas. .www.aeue.es. 2002.
          Anuario. El País 2001.
          Elaboración propia

Puesto que la ubicación de la entrega de los premios es indicadora de la fuerza y de la importancia del sector en un lugar en cuestión, corroboramos cómo Madrid y Barcelona también son, en cuanto a premios, las ciudades más importantes del sector. La industria editorial de la Ciudad Condal, sin embargo, reúne los premios más importantes en cuanto a dotación y con editoriales patrocinadoras. Madrid, mientras tanto, concentra los premios de menos dotación y convocados por instituciones públicas.

El papel de los agentes literarios

Tradicionalmente los autores solían recorrer las oficinas de las editoriales en un intento de publicar sus manuscritos. Actualmente, la estrategia es, además de presentarse a los premios, recurrir a un agente literario. Hace dos décadas, sólo una minora de autores contaba con un agente; ahora la mercantilización del sector editorial obliga a la mayoría de los escritores a ser representada por una agencia. Es más, los ganadores de los premios también cuentan con una representación por agencia. Según La Vanguardia los premios están en manos de agentes y en el 78% de los galardones intervienen las agencias literarias[27]. Asimismo, igual que el campo artístico establece su propia jerarquización artística-profesional también es de esperar que exista una élite entre los agentes literarios. De hecho, mientras que El País habló en 1995[28] de la figura del agente literario como una

---

[27] La Vanguardia. 21.IV.2002. Pág. 49
[28] El País. 4.XII. 1995. Pág. 34

profesión en auge, en 1997 se publica un artículo dedicado a los agentes literarios y su consolidada función en la maquinaria editorial española. Igualmente, ya se distingue entre agentes establecidos, como la veterana Carmen Balcells, y recién llegados como la entonces novata Anna-Soler Potent, que a diferencia de la primera no representó escritores establecidos y famosos, sino autores en su mayoría del tercer mundo[29]. En el año 2000, Carmen Balcells recibió la Medalla de Oro al mérito de las Bellas Artes de manos de los Reyes de España y se estableció como la más consolidada representante. En 2002 figura en el artículo de La Vanguardia anteriormente citado, que sucesivas ediciones de 10 grandes premios seleccionados por este diario (Planeta, Alfaguara, Torrevieja, Nadal, Fernando Lara, Primavera, Harralde, Azorín, Biblioteca Breve y Garccía Ramos) están en manos de unas 5 agencias, encabezada por Carmen Balcells. Reproducimos el ranking en la tabla 64:

Tabla 64: Ranking y residencia de agentes literarios

N°	Agente	N° de premios conseguidos	Residencia
1	Carmen Balcells	9	Barcelona
2	Antonia Kerrigan	5	Barcelona
3	Mónica Martín	4	Barcelona
4	Mercedes Casanovas	4	Barcelona
5	Ängeles Martín	2	Barcelona
6	Oficina del Autor (Juan Cruz)	2	Madrid
7	Hacer	2	Madrid
8	Silvia Bastos	2	Barcelona
9	Anne Marie Vallat	1	Barcelona

Fuente: La Vanguardia. 21.IX. 2002. Pág. 49
      Guía del Escritor
      Guía Telefónica
      Elaboración propia

Aparte de la curiosidad de que casi todas son mujeres, la mayoría reside en Barcelona, lo que muestra una vez más que la dinámica artística literaria se halla en la Ciudad Condal como ya se vio anteriormente en la concentración de los premios literarios[30].

Resultados

- Existe un importante número de premios en el ámbito de la Ciudad Condal.
  Comparado con otros premios, su dotación es menor; se explica por su condición de premios en el ámbito local y por la composición de sus patrocinadores; sólo dos casos cuentan con la participación de las editoriales y casi la mitad depende de instituciones públicas.
- En el ámbito catalán también hay un significante número de premios. En cuanto a los patrocinadores, las instituciones privadas ocupan casi la mitad, mientras que las públicas y las editoriales participan casi por igual.
- Respeto a la proyección nacional de los premios en catalán, tres tienen transcendencia.
  Estos tres premios son el *Josep* Pla, Ramon *Llull* y el *Sant Jordi*.
- Existe un importante número de premios de ámbito nacional. Los top tres son el premio *Planeta*, el *Fernando Lara de Novela* y el *Cervantes*. Se convocan más premios importantes en Barcelona que en el resto de España. En cuanto a los patrocinadores, la mayoría de los premios más importantes es convocada por las editoriales.

---

[29] El País. 24.XI. 1997. Pág. 37
[30] Como última noticia destaca que el agente literario Guillermo Schavelzon, que representa a más de 70 autores iberoamericanos, abre oficina en Barcelona para tener representación en Europa. El País. 19.VII. 2002.

- Madrid y Barcelona también son, en cuanto a premios, las ciudades más importantes del sector. La industria editorial de la Ciudad Condal, sin embargo, reúne los premios más importantes en cuanto a dotación y con editoriales patrocinadoras. Madrid, mientras tanto, concentra los premios de menos dotación y convocados por instituciones públicas.

- En las últimas dos décadas, los agentes literarios han consolidado su función en la maquinaria editorial española debido, por una parte, a la mercantilización del sector que resultó en un cambio de relación entre los autores y de los editores; y, por otra, por el aumento y concentración del poder negociador de los agentes estrella, que representan autores de élite, cuya intervención queda mostrada decisiva en la concesión de premios literarios más importantes.

- Los más importantes agentes literarios residen en Barcelona, lo que muestra una vez más que la dinámica artística literaria se halla en la Ciudad Condal igual que en su significativa concentración de los premios literarios.

Las ferias y fiestas de libro

Las ferias del libro concentran a las principales editoriales y librerías; por ello representan una excelente oportunidad para el negocio, la venta de libros y, sobre todo, el mercado de los derechos de explotación. También promocionan la lectura con ofertas especiales por la presencia de escritores y algunas conferencias sobre sus obras o lecturas públicas. Hay ferias para todo el mundo, es decir, de venta de libros y acceso de público, y otras sólo para los profesionales. Mundialmente hay una gran cantidad de ferias del libro. Como indicador de importancia se consultó la lista de las ferias internacionales del Gremio de Editores de España donde aparecen 60 ferias, entre ellas la feria para los profesionales Liber que se celebra anualmente en alternancia bianual entre Barcelona y Madrid[31].

En el ámbito nacional también existe una gran cantidad de ferias como muestra la tabla 65.

Tabla 65: Ferias del libro en España

N° de ferias del libro en Madrid	3 (4)
N° de ferias del libro en Barcelona	4 (3)
N° de ferias del libro en el resto de España	67
N° de ferias del libro en total	**74**

Fuente: Guía del Escritor.1999.
Elaboración propia.

Como indicador de importancia se consultó la lista de las ferias nacionales de la Guía del Escritor. Existen 74 ferias del libro en España. 3 se celebran en las ciudades de Madrid (Salón de Libro Infantil; Día de Libro Infantil; Feria de Otoño del Libro Viejo y Antiguo) y otras 3 en Barcelona (Salón de Libro Infantil; Festival Internacional de Poesía de Barcelona; Feria de Libro de Barcelona). A éstas de suma Liber que se celebra en años alternos en Barcelona o Madrid[32].

Para poner de relieve la importancia de las ferias del libro, se confeccionó la tabla 65 donde se comparan las ferias en cuanto a empresas expositoras, países participantes y visitantes. Frankfurt es la feria del libro más importante, seguida por el Salón del Libro de París y la feria de Guadalajara que es la más importante del mundo castellano hablante; a cierta distancia se sitúan la Feria Internacional del Libro de Tokyo y Londres. Además se incorporaron en la dos de las ferias profesionales: la Book Expo

Tabla 65: Ferias de libro en comparación

Ferias	Expositores	Países	Visitantes
Buchmesse Frankfurt 2002	6375	110	265.697
Salón de Libro París 2002	1600	56	240.000
Feria Int.del Libro Guadalajara	1305	35	420.000
Tokyo Int. Book Fair 2002	533	23	42.369
London Book Fair 2002	352	21	22.000
Ferias profesionales			
Book Expo America 2002	2000	27	29.559
Liber Barcelona 2002	700	19	10.000

Fuente: www.buchmesse.de
www.reed-oip.fr
www.libf.co.uk

---

[31] La lista completa se puede consultar en el anexo 13
[32] Guía del Escritor.1999. La lista completa se puede consultar en el anexo 14.

www.federacioneditores.org
Elaboración propia

América, que se celebra anualmente en ciudades diferentes en EE.UU., y el Liber. Si nos fijamos solamente en el número de empresas expositoras, Liber es la quinta feria más importante del mundo. De todas formas, si se compara con Frankfurt, es evidente que la Buchmesse domina el mundo de las ferias del libro, lo que relega a las demás ferias a un segundo plano a escala internacional.

La Liber, igual que la Book Expo América, es una feria exclusivamente para profesionales del sector; su ubicación simboliza la importancia de la ciudad para el sector donde se halla. Por ello se celebra en Madrid y Barcelona alternamente. Si un día se celebrara solamente en una de las dos ciudades significaría como mínimo simbólicamente la pérdida de prestigio para la no-elegida; además del resto de las ventajas que supone una feria de esta envergadura, que atrae la atención nacional e internacional de todo un sector. También en el ámbito nacional, Liber es la feria más importante de España y para promocionar atractivo internacional, sus organizadores han impulsado importantes iniciativas a largo de su historia. Así se adaptó su celebración al calendario de la feria de Frankfurt. Con el fin de atraer a los editores internacionales, principalmente de América, se celebra poco antes de la Buchmesse, ofreciéndoles de esta forma aprovechar el viaje para visitar ambas.

Asimismo, en el caso de Barcelona, se buscó un lugar mejor equipado en el nuevo recinto ferial ubicado a pocos kilómetros del tradicional, el Palacio de Congresos de Montjuïc. Sin embargo, por falta de infraestructuras, principalmente transporte y ocio, amén de la acogida poca favorable de los participantes, esta medida fue descartada en favor de su reubicación en lugar tradicional.

Además de la Liber, los más importantes acontecimientos en Barcelona son el Sant Jordi, la Feria del Libro, el Festival Internacional de Poesía, el Salón del Libro Infantil y el Salón de Cómic.

La Feria del Libro de Barcelona está a la sombra del Sant Jordi y ha registrado un continuo declive en cuanto a número de casetas, visitantes y ventas mientras que el Día del Libro registra un aumento continuo. Para remediar esta situación, el Gremio de Editores de Cataluña y diversos grupos editoriales han creado la Fundación del Libro que impulsa El Salón de Libro con la ambiciosa idea de llegar al nivel de salones como el de París y Turín. El Salón prevé atraer hasta 100.000 visitantes y sustituye a la Feria de Libro que se celebrará en el Paseo de Gràcia. De momento, el nuevo Salón de Barcelona se ha pospuesto hasta 2003 por falta de consenso con el sector librero.

En Madrid se celebra la Feria del Libro, el Día del Libro Infantil, la Feria del Otoño del Libro Viejo y Antiguo y el Salón del Libro Infantil. La primera es la más importante de ellas.

A continuación, comparamos los eventos más importantes de ambas ciudades que no son exclusivamente para profesionales del sector, sino también para el gran público: la Feria del Libro de Madrid y el Sant Jordi, Día del Libro, de Barcelona. La tabla 67 muestra las dimensiones de los dos eventos en comparación.

Tabla 67: Feria de Libro de Madrid y Sant Jordi 2002 en comparación

Evento	Ventas en euros	Paradas
Feria de Libro de Madrid	8,7 millones	385
Feria de Libro de Barcelona*	-	118
Sant Jordi en Barcelona	9,2 millones	397
Sant Jordi incluyendo Cataluña	18 millones	600
19ª Setmana de Llibre en Catalá	-	32
Saló d 'Ensenyament**	-	230
19è Saló de Comic**	-	125
Fira libre d'ocasió	-	50

* Edición del 1999
** Ediciones del 2001

Fuente: www.ferialibromadrid.com
        www..gremillibre.com
        www.cedro.org
        www.bcn.es

La edición 2002 del Sant Jordi de Barcelona generó 500.000 euros en ventas más que la Feria de Madrid, además de contar con 12 stands más. Respecto al conjunto de los expositores y ventas en Cataluña Barcelona contó con más del 50% del total de las ventas. Por lo demás, destaca el Saló d'Ensernyament con 230 expositores.

Las asociaciones profesionales

Debido a su tradicional envergadura y relativa fuerza industrial frente a otros sectores de la producción cultural, la cultura profesional del sector de la edición también es poderosa y cuenta con numerosas asociaciones establecidas que representan los intereses de los profesionales del sector. Este apartado cuantifica y cualifica, por lo tanto, las asociaciones, gremios y federaciones del mundo editorial y hace constar su distribución geográfica.

Tabla: Asociaciones profesionales del mundo editorial

Hay un número elevado de asociaciones profesionales en España[33]. La tabla 68 las muestra de forma agrupada.

Tabla 68: Asociaciones profesionales españolas del mundo editorial

Gremios y asociaciones de editores	10
Cámaras del Libro	3
Derechos (CEDRO)	1
Otras Asociaciones Especializadas	4
Distribuidoras	4
Libreros	26
Asociaciones no vinculadas a CEGAL*	5
Autores	9
Traductores	5
Ilustradores	2
Críticos	2
Bibliotecarios	14
Industria Gráfica y Afines	15
Formación especializada en el sector	2
Total	**102**

* Confederación Española de Gremios y Asociaciones de Libreros

Fuente: Asociación de Editoriales Universitarias 2002. www.eulac.org
        Elaboración propia.

La asociación que reúne el mayor número de colectivos es la de los libreros, seguido por las de la industria gráfica, bibliotecarios y gremios de editores. Entre los gremios y asociaciones de editores

---

[33] Para la lista completa consultar el anexo 15

destacan la Federación de Gremios de Editores de España (FGEE) y el Gremi d'Editors de Cataluya. En cuanto a los derechos de autor, los más potentes gremios son el Centro Español de Derecho Reprográficos y la Sociedad General de Autores y de Editores (SGAE). En el caso de los libreros, destaca la Confederación Española de Gremios y Asociaciones de Libreros y referente a los distribuidores, la Federación de Asociaciones Nacionales de Distribuidores de Ediciones (FANDE).

Las asociaciones que representan la parte creativa en el proceso editorial como los autores, ilustradores o traductores son las asociaciones más débiles con la excepción de la SGAE, que en su mayoría representa músicos, obras teatrales, y en cierta medida, obras audiovisuales.

La tabla 69 señala la distribución geográfica de las asociaciones profesionales.

Tabla 69: Distribución geográfica de las organizaciones gremiales

Organizaciones gremiales	Número
Madrid	33
Barcelona	14
Resto de España	55
Total	**102**

Fuente: Asociación de Editoriales Universitarias 2002
          Elaboración propia.

Casi la mitad de las asociaciones profesionales del sector editorial español se encuentra en Barcelona y Madrid; si bien esta última cuenta con el doble de organizaciones agremiadas que la primera.

Las fundaciones

Este apartado se enfoca en las fundaciones culturales que tienen alguna relación directa o indirecta con el mundo del libro. Existen fundaciones con objetivos plenamente literarios, ya sean los de difundir la obra de un determinado autor, cursos de fomento de lectura, promoción de nuevos escritores, etc. Otras tienen una relación con el mundo literario más difusa y, aunque su objetivo principal no es literario, se apoyan o enfocan sus actividades en elementos de ese mundo.

La tabla 70 cuantifica las fundaciones culturales de España y muestra el porcentaje de las fundaciones que tienen una relación con el mundo del libro.

Tabla 70: Cuantificación de las fundaciones

Total fundaciones culturales	131
Fundaciones que tienen relación con el mundo literario	105
%	80.15

Fuente: Asociación de Editoriales Universitarias 2002.
          Guía del escritor.
          Elaboración propia.

El número de fundaciones culturales en España es elevado y el 80% tienen alguna relación con el mundo literario. La lista completa de las fundaciones se puede consultar en el anexo 16.

La tabla 10 a continuación muestra la distribución geográfica de las fundaciones culturales en España y en Madrid y Barcelona.

Tabla 71: Distribución geográfica de las fundaciones

Fundaciones culturales	N°	N° relacionada con el libro	%
Madrid	74	54	72,97
Barcelona	16	15	93,75
Resto de España	41	36	87,80
Total	**131**	**105**	**80,15**

Fuente: Asociación de Editoriales Universitarias 2002.
         Guía del escritor.
         Elaboración propia.

Madrid alberga la mayoría de las fundaciones culturales españolas seguido por el resto de España y Barcelona. El porcentaje de las fundaciones culturales relacionadas con el libro es más alto en Barcelona seguido por Madrid y el resto de España.

Las revistas y los suplementos culturales

Las revistas culturales de España son muchas, de diferente grado de especialización y públicos diversos. El espectro comprende revistas tipo tabloides que cubren los personajes y noticias culturales notorias hasta publicaciones serias de crítica y reflexión cultural. Partiendo de la Guía del Escritor[34] este apartado compiló una lista inicial de 178 revistas culturales y las registró según su distribución geográfica. Como paso siguiente las filtró para cuantificar y cualificar las revistas asociadas a la Asociación de las Revistas Culturales de España, las quince revistas literarias más influyentes. Como último considera los suplementos culturales de los principales periódicos catalanes por orden de importancia.

Hay un total de 178 revistas culturales que se publican en España como muestra la tabla 72. La lista completa se puede consultar en el anexo 17.

Tabla 72: Revistas culturales por distribución geográfica

Ubicación	Número de Revistas
Barcelona	34
Madrid	57
Resto de España	87
Total	**178**

Fuente:Elaboración propia

Comparado con el resto de España, más de la mitad se publica en Barcelona y Madrid; 34 en la Ciudad Condal y 57 en Madrid.

Las revistas que se especializan en el mundo literario y editorial se muestran en la tabla 73 por orden y distribución geográfica. Esta lista completa también puede ser contemplada en el anexo 18.

---

[34] www.escritores.org

Tabla 73: Revistas culturales especializadas en el mundo de libro

	Nombre	Ciudad
1	Ínsula	Madrid
2	Litoral	Torremolinos (Málaga)
3	Delibros	Madrid
4	Revista de libros	Madrid
5	Lateral	Barcelona
6	Intramuros	Madrid
7	CLIJ	Barcelona
8	Quimera	Barcelona
9	Clarín	Oviedo
10	La Página	Tenerife
11	El Extramundi y Los Papeles de Iria Flavia	Padrón (A Coruña)
12	RevistAtlántica de Poesía	Cádiz
13	Turia	Teruel
14	Helice, Revista de Poesía	Granada
15	Leer en Primavera, Verano, Otoño, Invierno	Madrid

Fuente: Asociación de revistas culturales de España 2002. www.revistasculturales.org
Elaboración propia.

De las primeras diez, cuatro se publican en Madrid, tres en Barcelona, una en Málaga, una en Oviedo y una en Tenerife. Todas se distribuyen en el ámbito nacional, europeo y americano.
Fundada en 1946, actualmente la más difundida es *Insula*. Está estructurada en dos grandes secciones, crítica e historia y creación y crítica. En segunda posición está *Litoral*, la más antigua, que fue uno de los principales exponentes de la llamada generación del 27. Volvió a publicarse en 1968, dedicada a la difusión de sus ya históricos números iniciales y los de la época de México, cuando la revista reapareció en el exilio; sigue siendo una de las más influyentes de la actualidad. *Delibros* es una publicación mensual que lleva desde el 1988 informando de las noticias y novedades del sector de la edición. *Revista de Libros* es una publicación reciente dedicada exclusivamente a las reseñas bibliográficas. *Lateral* se presenta como una revista cultural de formato tabloide que ocupa el espacio entre los suplementos literarios y las revistas gremiales. Aborda los fenómenos culturales y la actualidad editorial. *Intramuros* es una publicación reciente pionera en el género de las biográficas autobiografías; actualmente se edita simultáneamente en España y Argentina. *CLIJ*, nacida en el 1988, es una revista mensual especializada en literatura infantil y juvenil. *Quimera* fundada en 1980 es una revista del mundo editorial de sabor alternativo. *Clarín* se publicó por primera vez en Olviedo en 1966 como revista de la nueva literatura y literatura contemporánea. *La Página*, fundada y publicada en Santa Cruz de Tenerife incluye series monográficas dedicadas a un autor. *El Extramundi y Los Papeles de Iria Flavia* comenzó en 1995 Camilo José Cela; se articula en secciones dedicadas al ensayo, poesía, prosa y recuperación de textos antiguos.

Las publicaciones culturales en catalán es un pequeño sector en la cuerda floja del mercado donde las revistas sobreviven basándose en subvenciones dentro de un mercado abarrotado de productos de consumo efímero. Esta resistencia está encabezada por *El Pou de Lletres, Mentrestant, Els Marges, Revista de Cataluya, Lletra de Canvi, L'Avenç, Serra d'Or* y *Reduccions,* entre otras.

En cuanto a los suplementos culturales, los principales periódicos catalanes por orden de importancia son:

Tabla 74: Principales diarios de Cataluña en 1999

Periódico	Difusión
El País	435.433
La Vanguardia	205.126
El Periódico	194.920
Avui	31.840

Fuente: Oficina de la Justificación de la Difusión, 2000, www.ojd.es

De ellos, el suplemento literario de El País, Babelia, es el más importante; seguido por el suplemento de libros de la Vanguardia; el de El Periódico y por último el Suplement de Llibres Avui.

Los públicos

Según los últimos datos de la Federación de Gremios de Editores de España, el porcentaje de los lectores frecuentes (los que leen libros al menos una vez a la semana) se mantiene en el 36% y el 22% de la población lee cada día. Los que poseen estudios universitarios doblan en población lectora (86%) a los que sólo tienen estudios primarios (40%). Pero también aumenta el número de españoles que nunca leen un libro. Si en el año 2000 un 42% de la población no leía, en 2001 ese porcentaje subió al 46%[35]. Un estudio anterior, también encargado por la misma federación, situaba el porcentaje de 1997 en un 41%[36]. Es decir, vamos empeorando. Al otro lado, hay buenas noticias: en 2002 el 54% de la población española leyó libros al menos una vez al trimestre.[37]
Este apartado se enfoca en los públicos y en sus hábitos de lectura tanto en España como en Cataluña. Como es habitual, culmina con el área metropolitana barcelonesa y los distritos de la Ciudad Condal.

Los hábitos de lectura españoles y catalanes

La tabla 75 muestra cómo en Cataluña se lee más, que en España sean revistas, prensa, libros o en general.

Tabla 75: Hábitos de lectura en Cataluña y España en %.

Hábitos	Cataluña	España
Leen revistas	50.3	48.0
Leen diarios deportivos	27.9	28.0
Leen prensa	67.1	63.0
Leen libros	59.5	54.0
Leen algo	89.2	86.0
Leen nada	**10.8**	**14.0**

Fuente: Precisa
            Elaboración propia.

El resultado es parecido en cuanto a la frecuencia, como muestra la tabla 76:

---

[35] Precisa 2001
[36] El País. 10.XI. 1998. Pág. 42
[37] Precisa 2001

Tabla 76: Frecuencia de lectura de libros en Cataluña y España en %

Frecuencia	Cataluña	España
Todos o casi todos los días	21.9	22.0
1-2 veces por semana	17.7	14.0
Alguna vez al mes	11.6	11
Alguna vez al trimestre	8.3	7
Casi nunca	18.0	20
Nunca	22.6	26

Fuente: Precisa. www.precisa.es
Elaboración propia.

Si relacionamos el nivel de estudios con la lectura, se ve una situación entre los dos conjuntos donde Cataluña supera al conjunto español como muestra la tabla 77:

Tabla 77: Número de lectores según nivel de estudios en %

Nivel de estudios	Cataluña	España
Universitarios superiores	89,7	86
Primarios	44	40

Fuente: Precisa. www.precisa.es
Elaboración propia.

Con mayores niveles de estudios aumenta el consumo de lectura. Si se relacionan los niveles de estudios con horas de lectura, se ve en el gráfico 11 que las horas que las horas que las horas dedicadas a la lectura aumentan con el nivel de estudios y que la situación entre España y Cataluña es parecida, aunque los lectores de estudios universitarios medios en Cataluña leen más horas mientras, que en el resto de España leen más los que tienen estudios superiores.

Gráfico 11: Horas dedicado a la lectura y nivel de estudios

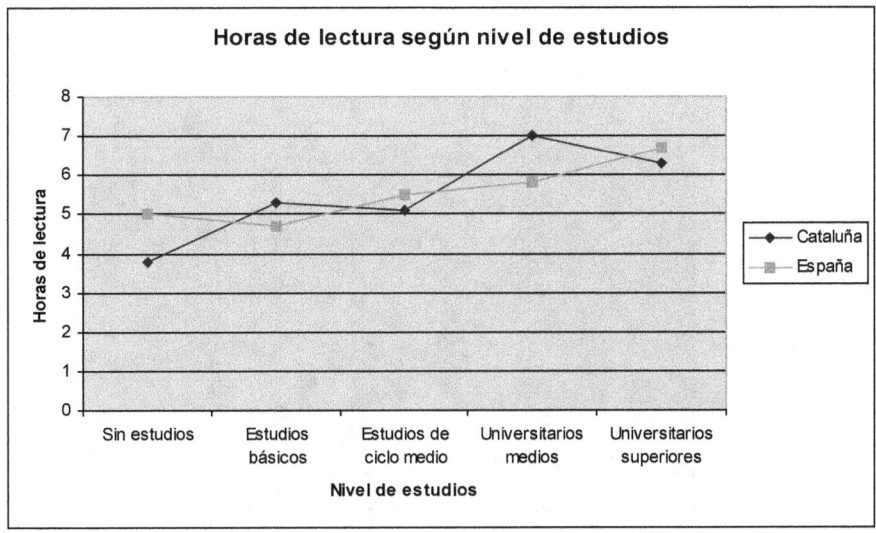

Fuente: Precisa. www.precisa.es
Elaboración propia

Referente a los temas preferidos por los lectores, la tabla 78 muestra que la gran mayoría de ambos áreas lee novelas seguido a gran distancia por las humanidades.

Tabla 78: Temas preferido por los lectores en %

Materia	Cataluña	España
Novela	68.9	67
Humanidades	13.5	11
Ensayo	3.7	3
Libros prácticos	2.3	2
Científico técnico	2.1	2
Infantil y juvenil	1.9	2
Teatro	1.3	1
Enseñanza general	1.0	4
Medicina/Biología/etc.	0.9	1
Poesía	0.8	1
Ciencias sociales	0.5	2
Otros	2.6	3

Fuente: Precisa. www.precisa.es
Elaboración propia

Como se refleja en el apartado Librerías, el lugar de compra preferido de los Españoles es la librería; por lo tanto la diferencia entre Cataluña y España es mínima como muestra el gráfico 12:

Gráfico 12: Lugar de compra

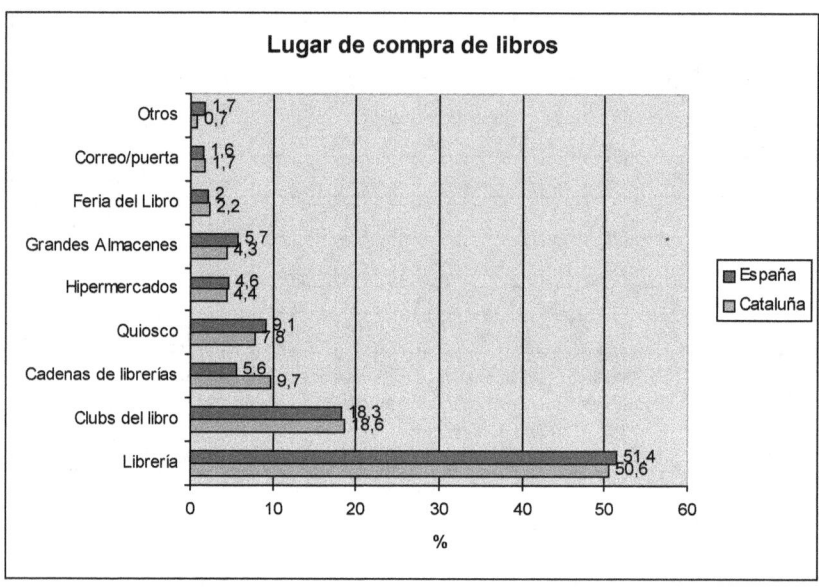

Fuente: Precisa. www.precisa.es
Elaboración propia.

Como último veamos la asistencia a bibliotecas en Cataluña y España. La tabla 79 muestra ésta asistencia por trimestres y meses.

Tabla 79: Asistencia a bibliotecas en %

Frecuencia	Cataluña	España
Visita a alguna biblioteca en el último trimestre	21,4	26
Visita ninguna biblioteca en el último trimestre	78,6	74
Ha tomado algún libro prestado en el último mes	45	48
No ha tomado ningún libro prestado en el último mes	55	52

Fuente: Precisa. www.precisa.es
Elaboración propia

Los indicadores del consumo de lectura por la vía de las bibliotecas ni es buena en Cataluña ni en España. Pese a una buena red bibliotecaria - ver el apartado de bibliotecas – tres cuatros de la población no ha visitado ninguna biblioteca en el último trimestre.

El público de Barcelona y su área metropolitana

Comencemos con la frecuencia de lectura de Barcelona y el área metropolitana desde 1990 hasta ahora. La tabla 80 muestra su desarrollo.

Tabla 80: Frecuencia de lectura barcelonés y el área metropolitana en %

Año	Barcelona ciudad			Primera corona*			Secunda corona**			Total RMB		
	1990	1995	2000	1990	1995	2000	1990	1995	2000	1990	1995	2000
Cada día	25.2	28.5	28.4	13.5	16.6	20.0	13.6	18.4	16.4	18.6	21.9	21.8
Algunos días/semana	17.5	17.8	18.4	14.5	13.5	14.2	12.8	13.0	16.7	15.4	15.1	16.5
Un día/semana	3.6	3.3	3.5	3.0	2.9	2.5	4.5	2.8	3.3	3.6	3.0	3.1
Esporádicamente	32.9	26.5	25.3	35.2	29.7	27.9	38.7	29.2	28.0	35.1	28.3	27.0
Nunca	17.4	20.3	20.9	27.7	31.1	28.9	25.2	31.6	29.6	22.3	26.9	26.3
Tiene problemas de vista o no sabe leer	3.3	3.6	3.4	6.1	6.2	6.4	5.2	4.9	6.0	4.7	4.8	5.2
NS/NC	0	0	0.1	0	0	0.1	0	0	0.1	0	0	0.1
Total	100	100	100	100	100	100	100	100	100	100	100	100

Fuente: Enquesta de la Regió metropolitana de Barcelona 1990,1995,2000
www.raco.cat
Elaboración propia.

* La primera corona metropolitana ésta integrada por los 26 municipios que, juntamente con Barcelona, forman parte de la Cooperación Metropolitana. Es decir, Castelldefels, Cornellà, Gavà, Esplugues, Molins de Rei, Pallejà, el Papiol, el Prat de Llobregat, Sant Boi, Sant Climent de Llobregat, Sant Feliu de Llobregat, Sant Joan Despí, Sant Just Desvern, Sant Vicenç dels Horts, Santa Coloma de Cervelló y Viladecans, de la comarca Baix Llobregat; Cerdanyola de Vallès, Montcada i Reixac, Ripollet y Sant Cugat pertenecientes a la comarca Vallès Occidental; Badalona, L'Hospitalet, Sant Adrià de Besòs y Santa Coloma de Gramenet del Barcelonés; y finalmente, Tiana y Montgat del Maresme.

** La segunda corona incluye el resto de los municipios del Baix Llobregat, del Maresme y del Vallès Occidental, así como todos los municipios de las comarcas de L'Alt Penedès, el Garraf y el Vallès Oriental.
Comparando la frecuencia de lectura durante la última década, el hábito de lectura ha aumentado. El porcentaje de los lectores habituales, los que leen cada día, ha incrementado de forma generalizada y al otro lado de espectro, los que nunca leen se mantiene, como mínimo durante los últimos cinco años, tanto en Barcelona como en su área metropolitana.
En Barcelona los lectores habituales han llegado hasta casi el 30%. En el área metropolitana, mientras tanto, el porcentaje es más bajo, el 20%; la tendencia, sin embargo, también es al alza.
Comparado con el promedio español de los lectores habituales cuyo porcentaje es de 22%, el promedio barcelonés es más alto y de su área metropolitana es parecido. De los que leen nunca, el promedio español y del área metropolitana es de 26% y el de Barcelona se sitúa en torno al 20%.
La ventajosa situación barcelonesa comparada con el promedio español en cuanto a frecuencia de lectura también se corrobora fijándose en el número de libros en los hogares de la gente como muestra la tabla 81:

Tabla 81: Número de libros existentes en las casas en %

Año	Barcelona ciudad			Primera corona*			Secunda corona**			Total RMB		
	1990	1995	2000	1990	1995	2000	1990	1995	2000	1990	1995	2000
Ninguno	1.6	1.9	1.2	2.3	2.2	3.0	3.0	2.1	2.1	2.2	2.0	2.1
Menos de 10	3.7	2.2	2.7	6.1	4.0	4.5	6.2	3.7	3.8	5.1	3.2	3.6
De 10 a 25	9.7	8.0	8.5	17.9	14.0	14.0	15.6	11.9	11.7	13.7	11.0	11.3
De 26 a 100	31.1	30.5	33.6	41.7	40.6	40.9	38.9	39.3	41.8	36.4	36.1	38.6
De 101 a 500	35.9	37.1	37.2	25.7	30.8	30.0	26.9	32.3	30.6	30.4	33.7	32.7
Más de 500	17.4	19.9	16.6	5.6	8.3	7.6	8.0	9.4	9.7	11.3	13.2	11.5
NS/NC	0.7	0.5	0.4	0.6	0.2	0.1	1.4	1.3	0.2	0.9	0.6	0.2
Total	100	100	100	100	100	100	100	100	100	100	100	100

Fuente: Enquesta de la Regió metropolitana de Barcelona 1990,1995,2000
www.raco.cat
Elaboración propia.

Se observa que en la última década la mayoría de personas en Barcelona posee entre 26 y 100 libros (33,6%) y de 101 a 500 libros (37,2%). En el área metropolitana los porcentajes son de 38,6% y 32,7%, respectivamente.
El promedio nacional es de 21,5% para los que tienen entre 26 y 100 libros y de 27% para los que tienen 101 hasta 500 libros. Se observa que en Barcelona y su área metropolitana no sólo se lee con más frecuencia, sino que la gente también posee más libros que en el resto de España.

Los públicos de Barcelona por distritos

Los distritos barceloneses con más lectores habituales son Sarrià-Sant Gervasi, L'Eixample, Gràcia y Les Corts, mientras que el porcentaje más alto de aquellos que nunca leen se encuentra en son Sants-Montjüíc, Horta-Guinardó y Ciudad Vella, como se ve en la tabla 82:

Tabla 82: Frecuencia de lectura por distritos de Barcelona en 1995 en %

	Ciuta t Vella	L' Eixampl e	Sants-Montjuïc	Les Corts	Sarrià-Sant Gervasi	Gràcia	Horta-Guinar dó	Nou Barris	Sant Andre u	Sant Mart í	Tota l BC N
Cada día	21.8	33.5	17.9	30.0	47.3	34.7	25.7	20.7	29.3	24.3	28.5
Algunos días/ semana	16.2	20.1	19.9	21.3	19.4	21.4	11.6	14.1	14.2	19.4	17.8
Un día/semana	1.7	1.9	2.2	4.4	3.5	1.9	5.0	3.3	6.7	3.5	3.3
Esporádicamen te	22.7	29.4	26.4	31.0	20.6	28.0	23.4	25.5	27.9	28.5	26.5
Nunca	29.4	13.6	31.1	12.3	7.9	12.7	29.5	28.2	18.4	19.1	20.3
Tiene problemas de vista o no sabe leer	5.7	1.2	1.2	0.5	1.3	1.4	1.2	2.1	3.0	2.9	1.9
NS/NC	2.5	0.2	1.3	0	0	0	3.5	6.2	0.5	1.8	1.7
Total	100	100	100	100	100	100	100	100	100	100	100

Fuente: Enquesta de la Regió metropolitana de Barcelona 1990,1995,2000
www.raco.cat
Elaboración propia.

El porcentaje de los lectores habituales en estos primeros distritos está por encima del promedio barcelonés, su área metropolitana y española. Al otro lado del espectro, los barrios con los porcentajes más altos de la población que no lee están igualmente por encima del los promedios de Barcelona, su área metropolitana y asimismo del promedio español.

Como último este apartado relaciona los niveles de estudios y la frecuencia de lectura por distritos. En el estudio de Precia, citado al principio de este apartado, se veía cómo existe una mayor correlación estadística ente lectura y niveles de estudios. Esta correlación se expresa en la tendencia de que el grupo con bajo nivel de estudios lee menos y el de estudios superiores, más.
Esta relación también se observa en el ámbito barcelonés. Se supone que los distritos que presentan un mayor porcentaje de estudios universitarios presentan el mayor consumo de lectura, es decir, Sarrià-Sant Gervasi, Les Corts, L'Eixample y Gràcia. El gráfico 13 corrobora esta situación[38].

---

[38] Para los datos en detalle ver el anexo 19.

Gráfico 13: Correlación estudios universitarios y lectura por barrios

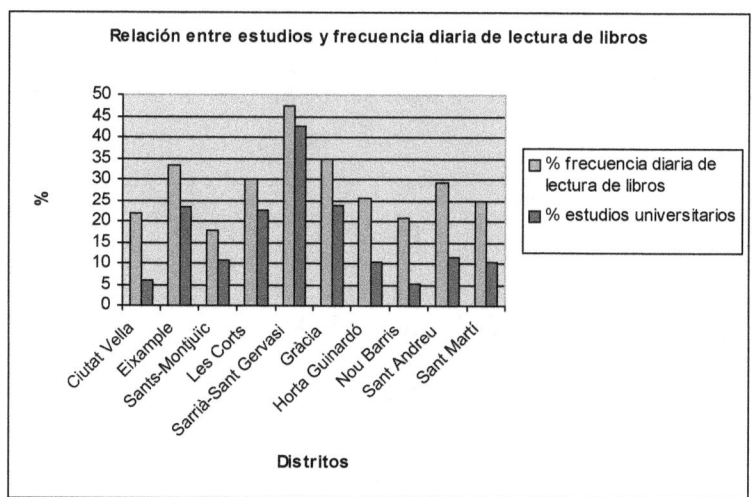

Fuente: Enquesta metropolitana de Barcelona 1995.
www.raco.cat
Elaboración propia.

De la misma forma, los distritos con menos nivel de estudios (Ciutat Vella, Nou Barris, Horta-Guinardó y Sants-Montjuïc) tienden a inferiores porcentajes con respecto a la frecuencia de lectura como muestra el gráfico 14:

Gráfico 14: Correlación menor nivel de estudios y lectura por barrios

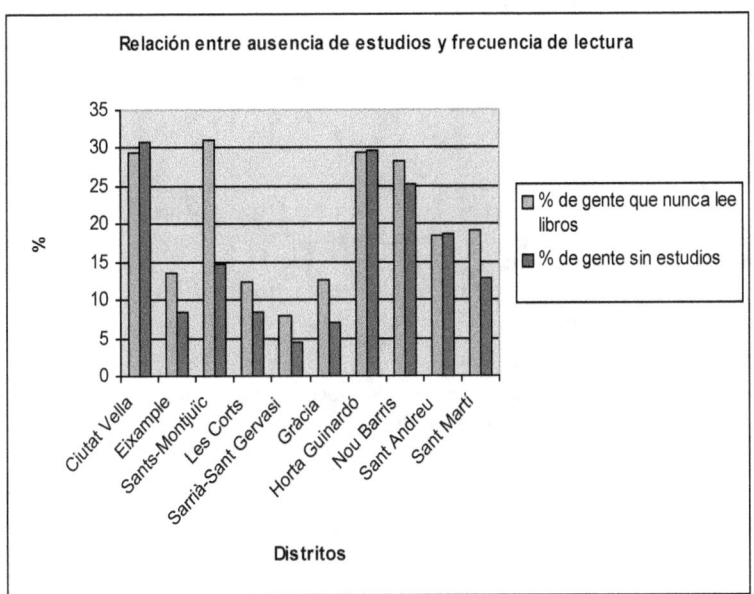

Fuente: Enquesta metropolitana de Barcelona 1995.
         www.raco.cat
         Elaboración propia.

Resultados

- Se lee más en Cataluña que en España sean revistas, prensa o libros.
- La lectura aumenta con el nivel de estudios. En este respecto, la situación en España y Cataluña es parecida, si bien los lectores de estudios universitarios medios leen más horas en Cataluña y los que poseen estudios superiores, más horas en España
- Los temas preferidos por los lectores en España y Cataluña son las novelas seguidas, a gran distancia por las humanidades.
- El lugar de compra preferido de los españoles y de los catalanes es la librería.
- Los indicadores del consumo de lectura por la vía de las bibliotecas ni es buena en Cataluña ni en España. Pese a que exista una buena red de bibliotecas - ver el apartado de bibliotecas – tres cuartos de la población no ha visitado ninguna biblioteca en el último trimestre.
- Tanto en Barcelona como en el área metropolitana, la frecuencia de lectura ha incrementado, mientras que el porcentaje de los que nunca leen se mantiene.
- Comparado con el promedio español de los lectores habituales, el promedio barcelonés es más alto y el de su área metropolitana, parecido.
- De los que nunca leen, el promedio español y del área metropolitana es igual mientras que el de Barcelona es más bajo.
- En Barcelona y su área metropolitana no sólo se lee con más frecuencia, sino que la gente también posee más libros que en el resto de España.
- Los distritos de mayor porcentaje de estudios universitarios presentan el mayor grado de lectura: Sarrià-Sant Gervasi, Les Corts, L'Eixample y Gràcia.
- Los distritos con menos nivel de estudios tienden a una inferior frecuencia de lectura. Esos son Ciutat Vella, Nou Barris, Horta-Guinardó y Sants-Montjúic.

3.   La actividad editorial

En comparación con otros sectores, el sector de la edición es la única industria cultural española con saldo exportador positivo y representa el sector de las industrias culturales más potente. En términos generales en 2000 y respecto al año anterior, aumentó ligeramente la producción editorial (1,3%). En la edición por materias, incrementó la de los libros de texto (13,4%), de Ciencias Sociales y Humanidades (2,6%) Ciencia y Tecnología (1,2%) e Infantil y Juvenil (0,9%); por el contrario disminuyeron de manera significativa los libros de creación literaria (8,2%) que contrasta con el espectacular aumento de la edición electrónica de un 65,1%[39]. En Cataluña, no obstante, la creación literaria experimentó un aumento continuo desde 1993 hasta el año 2000 del 12,8%[40]. En cuanto a los canales de comercialización, las librerías mantuvieron su liderazgo seguidas por la venta a crédito, grandes superficies y quioscos. Tanto en títulos como en ejemplares, destacan los libros de Texto no universitario y Literatura seguidos por los libros Infantil y Juvenil[41]. Se mantuvo la fuerte concentración de la edición entre Cataluña y la Comunidad de Madrid.

En este apartado se pretende analizar la analiza la producción editorial por idiomas, materias y su comercialización enfocando todo ello en el ámbito español y catalán.

El volumen de negocio

La importancia del sector del libro se aprecia al comprobar que la industria editorial española ocupa la quinta posición mundial y la tercera europea, procedida del Reino Unido y Alemania. La cifra de facturación del mercado interior en 2000 (2.529 millones de euros) y exterior (531 millones de euros) suponen, aproximadamente, un 0,6% de aportación al Producto Interior Bruto de España[42]. La tabla 83 muestra los datos sectoriales entre 1997 y 2001.

Tabla 83: Datos del sector editorial

Datos del sector (millones de euros)	1997	1998	1999	2000	2001
Número de ISBNs concedidos	54.943	60.426	61.426	62.224	67.012
Exportación	423,68	444,75	436,71	531,16	603,00
Importación	124,52	126,67	123,27	121,34	131,00
Ventas mercado interior	2.350,56	2.362,06	2.431,00	2.529,00	-

Fuente: www.mcu.es Panorámica de la edición española de libros 2000.
        Elaboración propia

La producción de libros y su exportación ha aumentado constantemente durante los últimos cinco años. El aumento más espectacular de producción se produjo en 1998 con un 10% sobre el año anterior. Desde entonces, el incremento ha sido más bien modesto, pero continuo; los aumentos más grandes de la exportación se han producido en los últimos dos años.

En cuanto a la importación, su desarrollo ha sido irregular, oscilando alrededor de 125 millones de euros. En el último año, sin embargo, ha superado los 130 millones que a la vez han ido acompañados por la superación de la exportación de 600 millones. En cuanto a las ventas en el mercado interior, la subida ha sido constante entre 1997 y 2000, culminado en 2,529 millones de euros.

---

[39] www.mcu.es Panorámica de la edición española de libros 2000
[40] www.cultura.gencat.net/publicacions
[41] Precisa. Comercio interior del libro 2000.
[42] www.mcu.es Panorámica de la edición española de libros 2000

La estructura empresarial de la edición de libro

La producción editorial del año 2000 fue llevada a cabo por 3.367 agentes editores. A los editoriales privadas les correspondió el 79,3% de la producción y a las instituciones públicas el 13,1%. El resto se distribuyó entre las instituciones privadas sin ánimo de lucro y los autores-editores[43]. La tabla 84 muestra como está estructurada la producción privada por tamaño de editoriales agremiadas a la Federación de Gremios de Editores de España.

Tabla 84: Universo de las editoriales agremiadas en 2000

Tramo de facturación en millones de pesetas	Número de editoriales	%
Más de 3000	25	3,96
De 1000 a 3000	39	6,19
De 400 a 999	64	10,15
De 100 a 399	133	21,11
Menos de 100	369	58,57
Total	**630**	**100,00**

Fuente: Precisa. Comercio interior del libro 2000. www.precisa.es
Elaboración propia.

Menos de un 4% de las editoriales españolas pertenecen al grupo que facturan más de 3000 millones de pesetas al año que junto con el segundo grupo de mayor facturación, dominan el 10% de editoriales el mercado. En el grupo de menor facturación se encuentran casi el 60% de editoriales.

En cuanto a Integración empresarial, el 26% de empresas agremiadas forman parte de un grupo empresarial o holding como puede verse en el gráfico 15. En 2000 fueron 173 las editoriales integradas en algún grupo empresarial.

---

[43] Ibídem.

Gráfico 15: Integración empresarial en el 2000

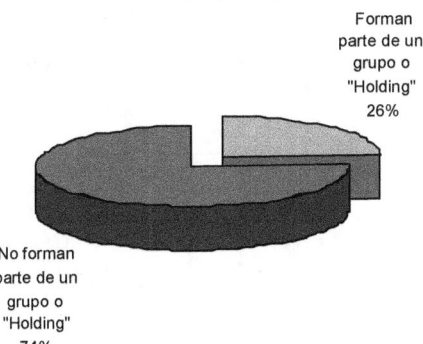

Pertenencia a un grupo empresarial

Forman parte de un grupo o "Holding" 26%

No forman parte de un grupo o "Holding" 74%

Fuente: Precisa. Comerci

Los índices de pertenencia a un grupo empresarial están relacionados directamente con el tamaño de las empresas y supone un 92% entre las que tienen una facturación superior a los 3.000 millones de pesetas, como muestra la tabla 85.

Tabla 85: Integración empresarial por tamaño de empresa

Por tamaño	Total 2000	Grande	Media grande	Media media	Media pequeña	Pequeña
Forma parte de un grupo	26,4	92,0	65,9	53,7	24,8	13,4
No forma parte de un grupo	73,6	8,0	34,1	46,3	75,2	86,6

Fuente: Precisa. Comercio interior del libro 2000. www.precisa.es

El volumen de negocio y la estructura del sector en Cataluña

La tabla 86 muestra la facturación anual por gremios y la cuota del mercado interior español.

Tabla 86: Cifra de facturación por gremio en el mercado interior y cuota del mercado en millones de pesetas

Gremio	1.997	1.998	1.999	2.000	Cuota del mercado en 2000 en %
Cataluña	233.926	232.299	236.699	241.419	57,4
Madrid	143.505	142.618	148.540	160.666	38,2
Euskadi	7.445	8.314	8.426	7.944	1,9
Valencia	--	3.515	3.786	4.035	1,0
Andalucía	3.042	3.370	3.844	3.574	0,8
Galicia	3.181	2.896	3.191	3.142	0,7
Total	391.100	393.012	404.484	420.780	100,0

Fuente: Precisa. Comercio interior del libro 2000. www.precisa.es

Durante los últimos cuatro años la cifra de facturación ha aumentado de forma continua. Cataluña y Madrid son los centros de edición en España. El primero, sin embargo, supera al segundo con casi un 20% más en la cuota del mercado interior. Como se ve en el apartado en el que se tratan las editoriales, aproximadamente un 90% de las editoriales agremiadas se halla en la ciudad de Barcelona y el número de títulos editados en Cataluña también se concentra en esa ciudad. Por lo tanto, cuando se habla de la producción editorial catalana de hecho significa la producción en Barcelona. En este ámbito y comparada con otras industrias culturales, la edición es el sector más fuerte. En 1994 el valor bruto de la producción editorial en Cataluña superó el sector de la prensa por 100% y de la televisión pública por más que el 30%.

Universo de las empresas

La tabla 87 compara el universo de las editoriales agremiadas a la Federación de Gremios de Editores de España de Madrid, Cataluña y el resto de España.

Tabla 87: Universo de las editoriales agremiadas en el 2000

Tramo de facturación en millones de pesetas	Madrid	Cataluña	Resto de España	Total	%
Más de 3000	11	14	0	25	3,96
De 1000 a 3000	17	22	0	39	6,19
De 400 a 999	23	31	10	64	10,15
De 100 a 399	50	67	16	133	21,11
Menos de 100	174	116	79	369	58,57
Total	**275**	**250**	**105**	**630**	**100,00**

Fuente: Precisa. Comercio interior del libro 2000. www.precisa.es
Elaboración propia.

Como se comentó anteriormente, en el ámbito español un 4% de las empresas son grandes facturando más de 3000 millones de pesetas al año. En cuanto a la distribución entre Madrid y Barcelona, la última supera la primera en editoriales estructuralmente fuertes. El panorama nacional se ve reflejado en la tabla que muestra la estructuración del sector en Cataluña.

Tabla 88: Actividad de las empresas editoriales agremiadas de Cataluña

Editoriales	Número de empresas	Ventas en M PTA	% sobre total de ventas
Grandes	14	155 579	66.50
Medianas-grandes	23	42 953	18.36
Medianas-medianas	29	18 187	7.77
Medianas-pequeñas	58	12 444	5.31
Pequeñas	119	4763	2.03
Total	**244**	**233 926**	**100**

Fuente: www.precisa.es
Elaboración propia

Las 14 grandes empresas concentran el 66,5% de las ventas seguidas, a gran distancia por 23 editoriales medianas-grandes que facturan menos del 20%. En la cima se hallan los grandes grupos editoriales. En el lado opuesto del espectro se halla la mayoría de los editoriales, todas estructural y económicamente débiles.

Facturación por idiomas

La edición en las distintas lenguas del estado español se reparte del siguiente modo: un 78% en castellano, un 15% en catalán, un 2% en gallego, un 2% en euskera y un 2% en otras lenguas como, se observa en la tabla 89.

Tabla 89: Edición en los idiomas oficiales

	1999		2000	
Total	57.849		58.893	
Castellano	46.046	79,6	45.968	78,1
Catalán	8.790	15,2	8.759	14,9
Euskera	1.526	2,6	1.435	2,3
Gallego	1.174	2,0	1.286	2,2
Otras	313	0,6	1.445	2,5

Fuente: Precisa. Comercio interior del libro 2000. www.precisa.es

Son las empresas editoriales establecidas en las comunidades con lengua propia, Cataluña, Euskadi, Valencia y Galicia, las que lideran la edición en sus respectivas lenguas. La participación de empresas de otras comunidades como Madrid y Andalucía en esta edición no es significativa, como puede verse en la tabla 90:

Tabla 90: Edición en los idiomas oficiales según gremios en el 2000

%	Total	Madrid	Cataluña	Euskadi	Andalucía	Galicia	Valencia
Castellano	78,1	94,1	67,0	48,8	99,0	6,5	53,7
Catalán	14,9	1,6	30,5	0,6	0,3	0,0	32,3
Euskera	2,3	0,5	0,4	48,9	0,0	0,0	0,1
Gallego	2,2	1,1	0,4	0,0	0,0	93,3	0,4
Otras	2,5	2,7	1,7	1,6	0,6	0,2	13,6
Total	100	100	100	100	100	100	100

Fuente: Precisa. Comercio interior del libro 2000. www.precisa.es

La edición en catalán supone entre el 14 y 15% de la producción editorial española y se concentra en Barcelona. (ver tabla también tabla 91 a continuación).

Tabla 91: Evolución de la facturación del gremio catalán

	1997	1998	1999	2000
Facturación total	233.926	232.299	236.699	241.419
Facturación en catalán	32.540	34.002	35.563	34.210
%	13,9	14,6	15,0	14,2

Fuente: Precisa. Comercio interior del libro en Cataluña 2000. www.precisa.es

Producción editorial por materias y gremios

Como se puede observar en la tabla 92, Literatura con un 22% y Libros de texto con un 22% son las materias que alcanzan mayor cuota respecto al total. A distancia se encuentran Divulgación general, con una cuota del 9,5%, Infantil y Juvenil, el 9,4% y Diccionarios/Enciclopedias, el 9,1%.

Tabla 92: Distribución de la cifra global de facturación por materias en el año 2000

Materia	Porcentaje
Literatura	22.0
Infantil / juvenil	9.4
Texto no universitario	20.0
• Educación infantil	1.6
• Educación primaria	7.1
• E.S.O.	7.9
• B.U.P y C.O.U.	2.1
• F.P.	0.4
• Libros y materiales complementarios	0.9
Universitario Científico / Técnico	8.3
Ciencias Sociales / Humanidades	7.1
Libros prácticos	7.3
Divulgación general	9.5
Diccionarios / Enciclopedias	9.1
Cómics	4.9
Otras	2.4
Total	**100,0**

Fuente: Precisa. Comercio interior del libro 2000. www.precisa.es
        Elaboración propia.

Distribución geográfica por gremio y materias

En la tabla 93 se ofrecen datos sobre la distribución, en 2000, del número de ejemplares producidos y del total de títulos editados por materias editoriales y por gremio.

Tabla 93: Edición de títulos según materias por gremio

Materias	Ejemplares	Títulos	Madrid	Cataluña	Resto de España
Total	261.511	**58.893**	**26.970**	**25.467**	**6.456**
Texto no universitario	45.311	**14.343**	7.048	5.464	1.831
Literatura	64.690	**10.462**	3.994	5.517	951
Infantil y juvenil	67.063	**9.676**	3.939	4.631	1.106
.E.S.O.	9.659	5.128	2.153	2.107	868
.Educación primaria	23.502	4.033	2.094	1.557	381
.Educación infantil	20.520	1.761	709	727	326
.Libros/ materiales complementario.	813	1.677	1.132	469	76
.B.U.P. y C.O.U.	4.525	1.523	769	591	163
.F.P.	5.671	221	191	13	17
Ciencias sociales y Humanidades	14.322	**6.728**	4.244	1.522	963
Científico/Técnico	18.758	**6.356**	3.542	2.129	684
Divulgación general	13.604	**4.721**	1.484	2.736	501
Libros prácticos	21.535	**3.418**	1.482	1.876	59
Otros	4.177	**1.395**	657	476	262
Diccionarios/Enciclopedias	3.191	**1.336**	565	699	72
Cómics	8.860	**457**	15	416	26

Fuente: Precisa: Comercio interior del libro 2000. www.precisa.es
　　　Elaboración propia.

Tanto en títulos como en ejemplares, destacan los libros de Texto no universitario y Literatura, seguidos por los libros Infantil y Juvenil. En cuanto a la producción por gremios se observa un significante grado de especialización en los gremios de las dos capitales de la producción editorial; tradicionalmente, Madrid concentra, aparte de las publicaciones del ámbito institucional, la publicación de libros de texto y de enseñanza cuya tendencia sigue en la actualidad. Asimismo, la edición catalana, que se ubica en su mayoría en Barcelona, sigue estando identificada con el libro infantil y juvenil y la creación literaria[44].

---

[44] Datos comparativos en *Panorama de la edición española 1990*. Ministerio de Cultura y Educación. Madrid.

Los canales de comercialización

En términos generales las librerías/cadenas de librerías mantienen su liderazgo en el 2000 con un 44,3% de cuota de mercado. Las ventas a crédito suponen el 15,0% de las ventas, pero se reduce su importancia progresivamente debido a la caída en la venta de enciclopedias. Las grandes superficies suponen el 8,7% de la facturación y los quioscos alcanzan el 8,1% de las ventas totales[45].

Entre la Comunidad de Madrid y Cataluña, no obstante se observan algunas diferencias destacables en cuanto a las canales de comercialización como se observa en la tabla 94:

Tabla 94: Cifra de facturación según canales de comercialización por gremio (en millones de pesetas)

	Total 2000	Madrid	Cataluña	Resto de España
Total	**420.780**	160.666	241.419	18.695
Librerías	**139.938**	**71.271**	59.070	9.597
Venta a crédito	**63.165**	1.934	**59.256**	1.975
Cadenas de librerías	**46.333**	20.243	24.851	1.239
Grandes superficies	**36.664**	**20.640**	15.345	678
Empresas e Instituciones	**36.076**	17.176	16.831	2.069
Quioscos	**33.951**	8.342	**25.557**	53
Clubs del libro	**22.064**	222	**21.827**	15
Correo	**16.631**	8.134	8.140	358
Resto	**11.085**	5.023	4.658	1.404
Venta por teléfono	**7.840**	3.031	4.160	649
Bibliotecas	**3.099**	2.131	678	289
Editoriales	**2.050**	983	753	315
Suscripciones	**1.221**	1.086	115	20
Internet	**664**	450	177	37

Fuente: Precisa. Comercio interior del libro 2000. www.precisa.es
    Elaboración propia.

---

[45] Precisa. Comercio interior del libro 2000.

Barcelona, donde se originó la idea del club de libro, sigue siendo la capital de la venta por este canal; lidera también la venta a crédito y es, además, la ciudad donde se editan las grandes enciclopedias. En cuanto a la venta a domicilio grupos como Planeta la promocionan. Destaca asimismo la venta en quioscos en la Ciudad Condal: se venden los fascículos y literatura cuya edición se concentra en Barcelona.

En Madrid, en cambio, siendo el centro de edición de libros de texto y de enseñanza, la venta se concentra en las librerías y grandes superficies.

Resultados

- La industria editorial española ocupa la quinta posición mundial. La cifra anual de facturación del mercado interior y exterior supone, aproximadamente, un 0,6% de aportación al Producto Interior Bruto de España.
  La producción de libros y su exportación ha aumentado constantemente durante   los últimos cinco años. Los aumentos más grandes de la exportación se han producidos en los últimos dos años superando los 600 millones de euros.
- El desarrollo de a la importación ha sido irregular oscilando alrededor de 125 millones de euros. En el último año, sin embargo, ha superado los 130 millones de euros.
- En las ventas en el mercado interior, la subida ha sido constante entre 1997 y 2000, culminado en 2,529 millones de euros.
- En cuanto a la estructura del sector, menos de un 4% de las editoriales españolas facturan más de 3000 millones de pesetas al año. Al otro lado del espectro se encuentran casi el 60% de las editoriales.
- Referente a la Integración empresarial, el 26% de empresas forman parte de un grupo empresarial o holding.
- Cataluña y Madrid son los centros de edición en España. Cataluña sin embargo supera a Madrid con casi un 20% más en la cuota del mercado interior.
- La edición en las distintas lenguas del estado español se reparte del siguiente modo: un 78% en castellano, un 15% en catalán, un 2% en gallego, un 2% en euskera y un 2% en otras lenguas.
- La edición en catalán supone entre el 14 y 15% de la producción editorial española y se concentra en Barcelona.
- Tanto en títulos como en ejemplares, destacan los libros de Texto no universitario y Literatura, seguidos por los libros Infantil y Juvenil y Diccionarios/Enciclopedias.
- En cuanto a la producción por gremios se observa un significante grado de especialización en Barcelona y Madrid.
- Tradicionalmente, Madrid concentra, aparte de las publicaciones del ámbito institucional, la publicación de libros de texto y de enseñanza, cuya tendencia sigue en la actualidad.
- Asimismo, la edición catalana ubicada en su mayoría en Barcelona, sigue estando identificada con el libro infantil y juvenil y la creación literaria.
- En cuanto a las canales de comercialización, se vende más en las librerías/cadenas de librerías (44%). Las ventas a crédito suponen el 15% de las ventas, pero reducen su importancia progresivamente debido a la caída en las ventas de enciclopedias. Las grandes superficies suponen el 8,7% de la facturación y los quioscos alcanzan el 8,1% de las ventas totales.
- Barcelona, donde se originó la idea del club de libro, sigue siendo la capital de la venta por este canal; lidera también la venta a crédito y es, además, la ciudad donde se editan las grandes enciclopedias. En cuanto a la venta a domicilio grupos como Planeta la promocionan. Destaca asimismo la venta en quioscos en la Ciudad Condal: se venden los fascículos y literatura cuya edición se concentra en Barcelona.
- En Madrid, en cambio, siendo el centro de edición de libros de texto y de enseñanza, la venta se concentra en las librerías y grandes superficies.

4.   A modo de conclusión

La situación del sector editorial barcelonés entre los años desde 1990 hasta 2000 es de una considerable fortaleza en cuanto a su dimensión industrial. En comparación con otros sectores, el sector de la edición es la única industria cultural española con saldo exportador positivo y representa el sector de las industrias culturales más potente. Barcelona y Madrid son los centros de edición en España.

El programa Cultura 2000 de la Unión Europea destina el 11% de sus créditos a financiar la traducción de obras literarias europeas (teatro, poesía, novela), promover la literatura y la lectura, formar profesionales (traductores, bibliotecarios, editores) y facilitar el acceso a la literatura. El Estado presta apoyo a las revistas culturales, las bibliotecas, la traducción, el fomento de la cultura en campañas en el ámbito bibliotecario con dotaciones bibliográficas a bibliotecas y centros culturales y en la promoción del libro, bien directa o indirectamente a través de la Federación de Gremios de Editores de España o La Cámara del Libro. El apoyo estatal también se expresa en la política fiscal, concretamente en la reducción del IVA en el libro.

En Cataluña se presenta una situación en la que el apoyo al libro en catalán es más directo, puesto que se trata de un idioma minoritario cuya promoción y protección se expresa en la política de la llamada Normalización Lingüística por parte de la Generalitat. La Institución de Letras Catalanas promueve la creación literaria en lengua catalana, la creación y los estudios literarios en catalán, el conocimiento y la difusión de la literatura catalana, la creación de guiones de cine, la escritura para radio y televisión y el cómic. Comparado con otras áreas subvencionadas, el área de bibliotecas y letras, libro y prensa supera conjuntamente las demás áreas de apoyo de la Generalitat.

En cuanto a las bibliotecas, las populares representan la mayoría en Barcelona y Madrid. Referente al desarrollo histórico, el número de bibliotecas populares de ambas ciudades no ha experimentado ningún cambio significativo en la última década y la primera cuenta con casi el doble de las bibliotecas populares que la segunda. En cuanto a la distribución geográfica de las bibliotecas en Cataluña sólo un 7% se halla en la ciudad de Barcelona. El área metropolitana y la provincia de Barcelona albergan la mayoría de las bibliotecas. En Barcelona, Ciudat Vella concentra el máximo número de bibliotecas seguido, a gran distancia, por el distrito de L'Eixample. A pesar de un decremento generalizado en el número de bibliotecas en la ciudad durante la última década, el número de usuarios incrementó en un espectacular 100%.

La edición institucional abarca las administraciones públicas y otras instituciones, tanto públicas como privadas: universidades, academias, colegios profesionales e instituciones sin ánimo de lucro. La lógica del subsector de la edición institucional es bien distinta a la del sector privado: es el propio Estado que actúa como agente editor, distribuidor y vendedor de libros. Debido a su capitalidad nacional, la edición institucional es, hasta cierto grado, responsable del peso editorial de Madrid.

En cuanto a la incidencia de la enseñanza en el sector, el papel de las universidades en la formación de escritores no es muy significativo en España si se compara con Francia, Alemania, Reino Unido y Estados Unidos, donde existe desde hace décadas una gran tradición universitaria de la enseñanza de escritura creativa. En España es muy reciente la inclusión de cursos de escritura creativa en algunas universidades. El papel de las editoriales universitarias en cambio es significativo, considerando la gran cantidad de publicaciones, colecciones y revistas que publican.

Referente a los escritores, a escala urbana, los autores prefieren el barrio de Gràcia como residencia. Además, destacan los barrios de Sarrià-Sant Gervasi, L' Eixample y Ciutat Vella. En cuanto al ámbito nacional, se muestra una clara diferencia entre los que escriben en catalán o castellano. La mitad de los que trabajan en catalán vive fuera de Barcelona y su área metropolitana. La gran mayoría de los que escriben en castellano reside en Barcelona y su área metropolitana.

Elaboramos unas jerarquías artístico-profesionales de los escritores catalanes que escriben en catalán y en castellano. Estas jerarquías se establecen según una serie de criterios propios del medio artístico con el fin de diferenciar los grupos de menor o mayor profesionalidad y reputación. La identificación de estos criterios sigue la lógica interna de la jerarquización real del sector y se constituyen a partir de aspectos creativos y reconocimiento artístico. Las dos jerarquías están dominadas por un núcleo pequeño de escritores. Hay una diferencia significativa en el nivel de profesionalidad entre autores catalanes en catalán y castellano. La gran mayoría de los escritores catalanes que escriben en catalán se halla en la parte de menor importancia de la jerarquía. Mientras la mitad de los autores catalanes que escriben en castellano también se concentra en la parte baja, casi la otra mitad se halla en el medio.

La problemática profesional de los autores se centra esencialmente en la relación que mantienen con los editores, puesto que son estos últimos quienes determinan las circunstancias de su actividad profesional. Actualmente los escritores recurren a los agentes literarios para ser representados en las negociaciones con los editores. Hace dos décadas, sólo una minora de autores contaba con un agente; ahora la mercantilización del sector editorial obliga a la mayoría de los escritores a ser representados por una agencia. Concentrando los escritores más asentados, algunos agentes literarios se han convertido en verdaderos superagentes; de este modo han ganado terreno a los editores en cuanto a fuerza negociadora que tradicionalmente había puesto los autores en el lado flojo y dependiente de la relación entre editores y escritores. La debilidad en la relación que mantienen los traductores como autores de libros con los editores es más acentuada que la de estos con los escritores, ya que de los editores consideran a los traductores como técnicos de traducción mientras ellos consideran su trabajo como obra única que merece la protección y remuneración de obra de autor. Desde el punto de vista del editor, el traductor presta solo el servicio de traducción. A esto se suma que la competencia entre traductores es muy alta y el acceso a la profesión es abierto. Estas circunstancias no favorecen a que los traductores se organicen en gremios profesionales tan potentes como los editores y dificulta que se establezcan como grupo profesional unido y fuerte que reclama sus derechos.
Existe un pequeño número de asociaciones profesionales que representan los intereses de los traductores pero no son entidades de captura y redistribución de derechos. En cuanto al número de socios las entidades más grandes se centran en Madrid y Barcelona, aunque su fuerza es relativamente pequeña. En Cataluña la mitad de los traductores trabaja tanto en castellano como en catalán. La gran mayoría de los traductores vive en la ciudad. El 83% en Barcelona y el 78% en Madrid. La actividad profesional de los traductores todavía está muy vinculada a los dos centros de la actividad editorial, a pesar de que en la sociedad de la información, la profesión de traductor se podría ejecutar desde cualquier lugar. El acceso a las asociaciones profesionales es normalmente libre y fácil. Existen pocas barreras de acceso como por ejemplo un título o licenciatura de traductor u otra acreditación del traductor tal como obras traducidas. Sólo recientemente surgen intentos por parte de algunas asociaciones de dar una imagen de mayor profesionalidad, introduciendo criterios de diferenciación. Desde el 1956, existe el Premio de Traducción que se convirtió en 1989 en Premio Nacional en un intento de jerarquizar el mundo de la traducción literaria.

En comparación con otros sectores, el sector de la edición destaca por su tradicional envergadura industrial y su importante desarrollo autóctono español. Además, es la única industria cultural española con saldo exportador positivo. En Barcelona, este particular relieve se realza todavía mucho más por el hecho de ostentar la ciudad la capitalidad española del sector, y también por la debilidad relativa de los otros sectores culturales industrializados. La dimensión industrial de la edición confiere una unidad virtual a un espacio cultural fragmentado en universos discursivos muy dispares e inconexos. El libro escolar, las obras de consulta, la literatura y el libro académico se mueven en universos discursivos muy independientes y alejados, regidos por lógicas diferentes. En esos universos, además, los procesos de edición tienen una importancia y un relieve muy desigual (el libro escolar es un apéndice subsidiario dentro del sistema escolar; las obras de consulta son elaboraciones, secundarias pero muy autónomas, del mundo editorial; la literatura es un universo de creación pura que tiene su centro neurálgico en el mundo editorial). La creación de valor cultural en estos diferentes universos es de muy diverso orden.
Existe un número elevado de editoriales en toda España: 46.203. Madrid y Barcelona representan los centros de la actividad editorial. Debido a la centralidad administrativa, Madrid concentra las editoriales institucionales. Barcelona supera a todas las demás ciudades en el número de editoriales agremiadas. El número de títulos editados también se concentra en Barcelona. El barrio de L' Eixample reúne la mayoría de los títulos editados, seguido, a cierta distancia, por Sarrià Sant-

Gervasi, Gràcia y Sant Martí. En cuanto al número de las líneas editoriales, la tendencia es hacia la diversificación en las editoriales fuertes. La élite de las editoriales tiene cuatro o cinco líneas. Publican literatura, libros de divulgación, literatura infantil y enciclopedias y obras de consulta. Más de la mitad ofrece libros académicos y un poco menos, libros escolares. En el caso de las editoriales débiles, la tendencia es hacia la especialización. Más de la mitad de las editoriales barcelonesas está caracterizada por un alto nivel de especialización manifestado en una o, como máximo, dos líneas. Las líneas más representadas entre las editoriales más débiles son el libro académico seguido por literatura general.

Es el sector de edición es el sector cultural de más antigua industrialización y ha estado tradicionalmente imbricado a otras industrias que trascienden el sector cultural en su conjunto, como las artes gráficas. Estas tienen una gran tradición en Barcelona y aproximadamente el 15% de su actividad corresponde al sector del libro. La industria gráfica es un sector que engloba características tanto del sector de los servicios como de la industria. Pertenece al mundo de los servicios porque es preciso realizar actividades como la creación y el diseño, y la producción se realiza sobre encargos concretos y no en serie. Es el soporte industrial de los principales medios de difusión escrita de la información y cultura. La industria gráfica está compuesta por las empresas dedicadas a las artes gráficas y a los manipulados de papel y cartón. El componente artístico prevalece al industrial. La producción del sector representó en 2001 el 1,22% del PIB español (el sector de edición generó el 0,6%). El sector gráfico cuenta con un importante saldo exportador positivo. La estructura empresarial del sector se caracteriza por una gran atomización; la gran mayoría de las empresas tiene un tamaño reducido y una debilidad estructural importante. La distribución geográfica de las empresas sigue la concentración empresarial del sector de edición, localizándose en Cataluña y Madrid cerca del 50% del total de las empresas del sector. Ambas ciudades tienen un parecido número de empresas de artes gráficas que superan a las de manipulados de papel y cartón. Hay menos empresas de manipulación en Madrid donde, en cambio, se hallan más servicios de impresión digital y agencias de publicidad.

Actualmente existen en España decenas de talleres literarios, escuelas de letras y cursos de escritura creativa. El panorama es muy heterogéneo. Hay un sinfín de talleres que son fugaces y difíciles de conocer debido a su carácter independiente, desvinculado de organismos oficiales y con una publicidad muy restringida, la mayoría canalizada a través de pequeños anuncios en la prensa local, carteles o folletos. La poca tradición que en España tiene la enseñanza de la escritura creativa hace que sean escasos los centros estables y de carácter homologado. Los centros no homologados de enseñanza de escritura de cierta reputación son pocos comparados con los centros de enseñanza especializada técnica industrial. Estos centros se concentran geográficamente en Madrid y Barcelona

Los centros de enseñanza artística homologada ofrecen cursos de formación profesional relacionados con el mundo de la edición pero no de escritura creativa. Los distritos en los que se concentran los centros de enseñanza artística homologada son L'Eixample y Sarrià-Sant Gervasi, seguidos a cierta distancia por Sant Martí, Gràcia y Sants-Montjuïc. La mayoría de los cursos técnicos son impartidos, por la Fundació Indústries Gràfiques y el Gremi d'Editors de Catalunya. El papel de las universidades en cuanto a formación de escritores es poco significativo. Sólo recientemente incluyen algunas pocas universidades cursos de escritura creativa.

En cuanto a la distribución, las librerías representan un 44% de las canales de comercialización de los productos editoriales seguido por la venta a crédito con un 15% y las grandes superficies con un 8.7%. El número de librerías agremiadas en toda Cataluña ha experimentado un continuo descenso de un casi 50% durante la última década. La mayor concentración de librerías se halla en la ciudad de Barcelona y su área metropolitana. De las 395 librerías agremiadas en el año 2002, casi un 70% son de tipo general, seguido por las especializadas, 25%. Las generales con secciones el 5%. En Barcelona el distrito con mayor presencia de librerías fue, en 1988, L'Eixample, seguido por Ciudad Vella y Sarrià-Sant Gervasi; a cierta distancia se hallaron Gràcia, Sant Martí y Les Corts. Los distritos con menos librerías eran Sant Andreu y Nou Barris. En 2002, L'Eixample sigue teniendo el mayor número, seguido por Sarrià-Sant Gervasi y Ciudad Vella, éstos dos intercambiando posiciones. Gràcia mantiene hasta cierto punto sus librerías. Sant Martí pierde muchas librerías y se une a las colistas Sant Andreu y Nou Barris. L'Eixample, donde se halla el mayor número de las librerías, también concentra las librerías generales y especializadas. Sarrià-Sant Gervasi y Gràcia albergan las librerías generales seguido por Ciudad Vella, donde asimismo se halla otro centro de librerías especializadas. Referente a Internet, pocas librerías tienen página web.

Respecto a las trayectorias artísticas y al consumo de las obras, los premios literarios representan un elemento clave en la cadena que se inicia con la solitaria actividad de escribir y culmina en el reconocimiento público. Siempre hay un antes y un después de ganar un premio importante; significa el espaldarazo a quienes lo ganan y marca claramente el camino hacia el éxito. Existe un importante número de premios en el ámbito de la Ciudad Condal. Comparado con otros premios, su dotación es menor; se explica por su condición de premios en el ámbito local y por la composición de sus patrocinadores; sólo dos casos cuentan con la participación de las editoriales y casi la mitad depende de instituciones públicas. En el ámbito catalán también hay un significante número de premios. En cuanto a los patrocinadores, las instituciones privadas ocupan casi la mitad, mientras que las públicas y las editoriales participan casi por igual. Respeto a la proyección nacional de los premios en catalán, tres tienen transcendencia. Estos tres premios son el *Josep* Pla, Ramon *Llull* y el *Sant Jordi*.

Existe un importante número de premios de ámbito nacional. Los top tres son el premio *Planeta*, el *Fernando Lara de Novela* y el *Cervantes*. Se convocan más premios importantes en Barcelona que en el resto de España. En cuanto a los patrocinadores, la mayoría de los premios más importantes es convocada por las editoriales. Madrid y Barcelona también son, en cuanto a premios, las ciudades más importantes del sector. La industria editorial de la Ciudad Condal, sin embargo, reúne los premios más importantes en cuanto a dotación y con editoriales patrocinadoras. Madrid, mientras tanto, concentra los premios de menos dotación y convocados por instituciones públicas.

En las últimas dos décadas, los agentes literarios han consolidado su función en la maquinaria editorial española debido, por una parte, a la mercantilización del sector que resultó en un cambio de relación entre los autores y de los editores; y, por otra, por el aumento y concentración del poder negociador de los agentes estrella, que representan autores de élite, cuya intervención queda mostrada decisiva en la concesión de premios literarios más importantes. Los más importantes agentes literarios residen en Barcelona, lo que muestra una vez más que la dinámica artística literaria se halla en la Ciudad Condal igual que en su significativa concentración de los premios literarios.

Las ferias del libro concentran a las principales editoriales y librerías; por ello representan una excelente oportunidad para el negocio, la venta de libros y, sobre todo, el mercado de los derechos de explotación. También promocionan la lectura con ofertas especiales por la presencia de escritores y algunas conferencias sobre sus obras o lecturas públicas. Hay ferias para todo el mundo, es decir, de venta de libros y acceso de público, y otras sólo para los profesionales. Mundialmente hay una gran cantidad de ferias del libro. Como indicador de importancia se consultó la lista de las ferias internacionales del Gremio de Editores de España donde aparecen 60 ferias, entre ellas la feria para los profesionales Liber que se celebra anualmente en alternancia bianual entre Barcelona y Madrid. En el ámbito nacional, Liber es la feria más importante de España y para promocionar atractivo internacional, sus organizadores han impulsado importantes iniciativas a largo de su historia. Así se adaptó su celebración al calendario de la feria de Frankfurt. Con el fin de atraer a los editores internacionales, principalmente de América, se celebra poco antes de la Buchmesse, ofreciéndoles de esta forma aprovechar el viaje para visitar ambas. Además de la Liber, los más importantes acontecimientos en Barcelona son el Sant Jordi, la Feria del Libro, el Festival Internacional de Poesía, el Salón del Libro Infantil y el Salón de Cómic. La Feria del Libro de Barcelona está a la sombra del Sant Jordi y ha registrado un continuo declive en cuanto a número de casetas, visitantes y ventas mientras que el Día del Libro registra un aumento continuo. En Madrid se celebra la Feria del Libro, el Día del Libro Infantil, la Feria del Otoño del Libro Viejo y Antiguo y el Salón del Libro Infantil. La primera es la más importante de ellas.

Debido a su tradicional envergadura y relativa fuerza industrial frente a otros sectores de la producción cultural, la cultura profesional del sector de la edición también es poderosa y cuenta con numerosas asociaciones establecidas que representan los intereses de los profesionales del sector. La asociación que reúne el mayor número de colectivos es la de los libreros, seguido por las de la industria gráfica, bibliotecarios y gremios de editores. Las asociaciones que representan la parte creativa en el proceso editorial como los autores, ilustradores o traductores son las asociaciones más débiles con la excepción de la SGAE, que en su mayoría representa músicos, obras teatrales, y en cierta medida, obras audiovisuales. Casi la mitad de las asociaciones profesionales del sector editorial español se encuentra en Barcelona y Madrid; si bien esta última cuenta con el doble de organizaciones agremiadas que la primera.

En cuanto a las fundaciones, existen fundaciones con objetivos plenamente literarios, ya sean los de difundir la obra de un determinado autor, cursos de fomento de lectura, promoción de nuevos escritores, etc. Otras tienen una relación con el mundo literario más difusa y, aunque su objetivo principal no es literario, se apoyan o enfocan sus actividades en elementos de ese mundo. El número de fundaciones culturales en España es elevado y el 80% tienen alguna relación con el mundo literario. Madrid alberga la mayoría de las fundaciones culturales españolas seguido por el resto de España y Barcelona. El porcentaje de las fundaciones culturales relacionadas con el libro es más alto en Barcelona seguido por el resto de España y Madrid.

Las revistas culturales de España son muchas, de diferente grado de especialización y públicos diversos. El espectro comprende revistas tipo tabloides que cubren los personajes y noticias culturales notorias hasta publicaciones serias de crítica y reflexión cultural. Comparado con el resto de España, más de la mitad se publica en Barcelona y Madrid. Las publicaciones culturales en catalán es un pequeño sector en la cuerda floja del mercado donde las revistas sobreviven basándose en subvenciones dentro de un mercado abarrotado de productos de consumo efímero. Esta resistencia está encabezada por *El Pou de Lletres, Mentrestant, Els Marges, Revista de Cataluya, Lletra de Canvi, L'Avenç, Serra d'Or* y *Reduccions,* entre otras.

Referente a los públicos, se lee más en Cataluña que en España sean revistas, prensa o libros. La lectura aumenta con el nivel de estudios. En este respecto, la situación en España y Cataluña es parecida, si bien los lectores de estudios universitarios medios leen más horas en Cataluña y los que poseen estudios superiores, más horas en España. Los temas preferidos por los lectores en España y Cataluña son las novelas seguidas, a gran distancia por las humanidades. El lugar de compra preferido de los españoles y de los catalanes es la librería. Los indicadores del consumo de lectura por la vía de las bibliotecas ni son buenas en Cataluña ni en España. Pese a que exista una buena red de bibliotecas tres cuartos de la población no ha visitado ninguna biblioteca en el último trimestre. Tanto en Barcelona como en el área metropolitana, la frecuencia de lectura ha incrementado, mientras que el porcentaje de los que nunca leen se mantiene. Comparado con el promedio español de los lectores habituales, el promedio barcelonés es más alto y el de su área metropolitana, parecido. De los que nunca leen, el promedio español y del área metropolitana es igual mientras que el de Barcelona es más bajo. En Barcelona y su área metropolitana no sólo se lee con más frecuencia, sino que la gente también posee más libros que en el resto de España. Los distritos de mayor porcentaje de estudios universitarios presentan el mayor grado de lectura: Sarrià-Sant Gervasi, Les Corts, L'Eixample y Gràcia. Los distritos con menos nivel de estudios tienden a una inferior frecuencia de lectura. Esos son Ciutat Vella, Nou Barris, Horta-Guinardó y Sants-Montjüic.

En cuanto a la actividad editorial, la industria editorial española ocupa la quinta posición mundial. La cifra anual de facturación del mercado interior y exterior supone, aproximadamente, un 0,6% de aportación al Producto Interior Bruto de España. La producción de libros y su exportación ha aumentado constantemente durante los últimos cinco años. El desarrollo de a la importación ha sido irregular. En las ventas en el mercado interior, la subida ha sido constante entre 1997 y 2000.

En cuanto a la estructura del sector, menos de un 4% de las editoriales españolas concentran la gran mayoría de la facturación al año. Al otro lado del espectro, el más débil, se encuentran casi el 60% de las editoriales. Referente a la integración empresarial, el 26% de empresas forman parte de un grupo empresarial o holding.

Cataluña y Madrid son los centros de edición en España. Cataluña sin embargo supera a Madrid con casi un 20% más en la cuota del mercado interior.   La edición en las distintas lenguas del estado español se reparte del siguiente modo: un 78% en castellano, un 15% en catalán, un 2% en gallego, un 2% en euskera y un 2% en otras lenguas. La edición en catalán supone entre el 14 y 15% de la producción editorial española y se concentra en Barcelona.

Tanto en títulos como en ejemplares, destacan los libros de Texto no universitario y Literatura, seguidos por los libros Infantil y Juvenil y Diccionarios/Enciclopedias. En cuanto a la producción por gremios se observa un   significante grado de especialización en Barcelona y Madrid.

Tradicionalmente, Madrid concentra, aparte de las publicaciones del ámbito institucional, la publicación de libros de texto y de enseñanza, cuya tendencia sigue en la actualidad. Asimismo, la edición catalana ubicada en su mayoría en Barcelona, sigue estando identificada con el libro infantil y juvenil y la creación literaria.

En cuanto a las canales de comercialización, se vende más en las librerías y cadenas de librerías. Barcelona, donde se originó la idea del club de libro, sigue siendo la capital de la venta por este canal; lidera también la venta a crédito y es, además, la ciudad donde se editan las grandes enciclopedias. En cuanto a la venta a domicilio grupos como Planeta la promocionan. Destaca asimismo la venta en quioscos en la Ciudad Condal: se venden los fascículos y literatura cuya edición se concentra en Barcelona. En Madrid, en cambio, siendo el centro de edición de libros de texto y de enseñanza, la venta se concentra en las librerías y grandes superficies.

5.   Lista de gráficos

6.   Lista de tablas

1. Subvenciones del MEC del año 2002
2. Subvenciones y ayudas del Departamento de Cultura de la Generalitat en euros
3. Distribución de gasto en Cultura de la Generalitat en 2000
4. Presupuestos de las instituciones en 2001 en euros
5. Gasto en cultura de las diputaciones provinciales en 2000
6. Gasto en cultura del ICUB en 2001
7. Distribución de bibliotecas por categorías en el año 2000
8. Bibliotecas populares de Barcelona y Madrid 1993-2000
9. Bibliotecas de Cataluña 2000
10. Distribución geográfica de bibliotecas barcelonesas en 2000
11. Número total de bibliotecas barcelonesas entre 1989 y 2000 por distritos
12. Consumo de lectura en las bibliotecas populares barcelonesas
13. Edición pública y privada entre 1991 y 2000
14. Número de ISBN inscritos por tipo de editor en 1999 y 2000
15. Número de ISBN por titularidad de editor catalán entre 1997 y 2000
16. Número de editoriales universitarias y de sus publicaciones
17. Editoriales universitarias por importancia
18. Distribución geográfica de autores catalanes en lengua catalana
19. Distribución geográfica de los autores catalanes en castellano
20. Distribución geográfica de los autores catalanes en castellano y en catalán en comparación
21. Formación de los grupos de importancia de los escritores catalanes en catalán según los puntos obtenidos
22. Grupos de importancia de los escritores catalanes en catalán según los puntos obtenidos
23. Formación de los grupos de importancia de los escritores catalanes en español
24. Grupos de importancia de los escritores catalanes en castellano
25. Cuantificación de socios por entidad
26. Comparación entre español y catalán
27. Distribución geográfica de los traductores
28. Tipos y cuantificación de editoriales en España
29. Distribución geográfica según tipo de editorial
30. Distribución geográfica de las editoriales agremiadas en la ciudad de Barcelona y en los municipios de su área metropolitana
31. Formación de los grupos de importancia de las editoriales agremiadas según los títulos editados
32. Grupos de importancia de las editoriales según los títulos editados
33. Actividad de las Empresas editoriales agremiadas de Cataluña desde su fundación y en los años 1997 y 1999
34. Actividad de las Empresas editoriales agremiadas de Cataluña (1997)
35. Editoriales barcelonesas y número de líneas editoriales
36. Líneas editoriales de las más importantes editoriales barcelonesas
37. Líneas editoriales del segundo grupo barcelonés de máxima importancia
38. Número de líneas editoriales de las editoriales de menos importancia
39. Líneas de las pequeñas editoriales
40. Datos del sector gráfico y de edición en el 2000 (en millones de euros)
41. Estructura empresarial del sector gráfico
42. Distribución geográfica del sector gráfico por subsectores
43. Número de empresas del mundo editorial en Barcelona y Madrid en el 2002
44. Centros no homologados de reputación reconocida
45. Centros de enseñanza artística homologada por distritos de Barcelona
46. Tipo de enseñanza artística homologada por centro
47. Tipo de enseñanza artística homologada por centro
48. Caracterización de las empresas distribuidoras de libros
49. Distribuidoras por tipo de producto
50. Empresas distribuidoras en Madrid y Barcelona

51. Distribución geográfica y volumen de negocio
52. Número de librerías catalanes
53. Librerías agremiadas según localización geográfica en 2002
54. Librerías en Cataluña por tipos
55. Tipos de librería por área
56. Descenso de librerías en Barcelona entre 1988 y 2002 por distritos
57. Tipos de librerías por distrito en 2002
58. Librerías con página web en el año 2002
59. Premios literarios barceloneses por dotación
60. Premios literarios barceloneses por entidad
61. Premios literarios catalanes por entidad y trascendencia
62. Premios españoles por dotación
63. Los más importantes premios literarios de ámbito español
64. Ranking y residencia de agentes literarios
65. Ferias del libro en España
66. Ferias de libro en comparación
67. Feria del Libro de Madrid y Sant Jordi 2002 en comparación
68. Asociaciones profesionales españolas del mundo editorial
69. Distribución geográfica de las organizaciones gremiales
70. Cuantificación de las fundaciones
71. Distribución geográfica de las fundaciones
72. Revistas culturales por distribución geográfica
73. Revistas culturales especializadas en el mundo de libro
74. Principales diarios de Cataluña en 1999
75. Hábitos de lectura en Cataluña y España
76. Frecuencia de lectura de libros en Cataluña y España
77. Número de lectores según nivel de estudios
78. Temas preferido por los lectores
79. Asistencia a bibliotecas
80. Frecuencia de lectura barcelonés y el área metropolitana
81. Número de libros existentes en las casas
82. Frecuencia de lectura por distritos de Barcelona en 1995
83. Datos del sector editorial
84. Universo de las editoriales agremiadas en 2000
85. Integración empresarial por tamaño de empresa
86. Cifra de facturación por gremio en el mercado interior y cuota del mercado en millones de pesetas
87. Universo de las editoriales agremiadas en el 2000
88. Actividad de las empresas editoriales agremiadas de Cataluña
89. Edición en los idiomas oficiales
90. Edición en los idiomas oficiales según gremios en el 2000
91. Evolución de la facturación del gremio catalán
92. Distribución de la cifra global de facturación por materias en el año 2000
93. Edición de títulos según materias por gremio
94. Cifra de facturación según canales de comercialización por gremio

7.   Bibliografía e webgrafía

- Navarro Duran, R. Enciclopedia de Escritores En Lengua Castellana. Madrid. 2000
- Rodriguez-Morató, A. La Problemática Profesional de los Escritores y Traductores. Una visión sociológica. ACEC. Barcelona. 1997

www.acett.es
www.aeue.es
www.agenciaisbn.es
www.alabrent.com
www.buchmesse.de
www.elpais.com/archivo/anuario
www.atic.cc
www.barcelonacultura.bcn.cat
www.barcelona.cat
www.cedro.org.
www.diba.es
www.eulac.org
www.europa.eu
www.federacioneditores.org
www.ferialibromadrid.com
www.fuentetajaliteraria.com
www.gencat.cat
www.gremidellibreters.cat
www.escritores.org
www.guiatelefónica.es
www.industriagraficaonline.com
www.libreroonline.com *Quién es Quién en las Letras Españolas*
www.libf.co.uk
www.lletrescatalanes.cat *Qui és qui de les lletres catalanes*
www.madrid.es
www.mec.es
www.mcu.es
www.ojd.es
www.precisa.es *Precisa. Comercio interior del libro. Informes anuales*
www.raco.cat.
www.reed-oip.fr
www.revistasculturales.org

8. Lista de anexos

1. Distribución geográfica de bibliotecas barcelonesas por tipo y distrito en 1989
2. Editoriales universitarias españolas.
3. Jerarquía de autores catalanes en castellano
4. Jerarquía de autores catalanes en catalán
5. Premiados premio nacional de traductores
6. Ranking de editoriales barcelonesas por titulos editados
7. Editoriales barcelonesas por líneas editoriales
8. Cursos impartidos por los gremios en Barcelona en el 1997
9. Librerías agremiadas en el año 2002
10. Premios literarios de la Ciudad de Barcelona
11. Premios literarios en catalán.
12. Premios literarios españoles
13. Ferias españolas
14. Ferias Internacionales
15. Asociaciones profesionales
16. Fundaciones culturales
17. Revistas asociadas a la Asociación de Revistas Culturales de España
18. Revistas culturales en Barcelona y Madrid
19. Nivel de estudios por distritos en el 1995

9. Anexos

Anexo 1: Distribución geográfica de bibliotecas barcelonesas por tipo y distrito en 1989

Distrito	Popular	General	Especializada	De Museos	Total
Ciutat Vella	7	2	5	9	23
L'Eixample	3	1	4	1	9
Sants-Montjuïc	3	0	1	7	11
Les Corts	2	0	3	3	8
Sarrià-Sant Gervasi	1	0	0	1	2
Gràcia	3	0	0	0	3
Horta-Guinardó	2	0	0	0	2
Nou Barris	6	0	0	0	6
Sant Andreu	5	0	0	0	5
Sant Martí	4	0	0	0	4
Total	36	3	13	21	73

Distribución geográfica de bibliotecas barcelonesas por tipo y distrito en 1993

Distrito	Popular	General	Especializada	De Museos	Total
Ciutat Vella	6	2	7	3	18
L'Eixample	4	1	4	1	10
Sants-Montjuïc	3	0	1	2	6
Les Corts	2	0	2	0	4
Sarrià-Sant Gervasi	2	0	0	0	2
Gràcia	4	0	0	0	4
Horta-Guinardó	2	0	0	0	2
Nou Barris	5	0	0	0	5
Sant Andreu	6	0	0	0	6
Sant Martí	4	0	0	0	4
Total	38	3	14	6	61

Distribución geográfica de bibliotecas barcelonesas por tipo y distrito en 1996

Distrito	Popular	General	Especializada	De Museos	Total
Ciutat Vella	6	2	8	3	19
L'Eixample	4	1	4	1	10
Sants-Montjuïc	3	0	1	2	6
Les Corts	2	0	2	0	4

Sarrià-Sant Gervasi	2	0	0	0	2
Gràcia	4	0	0	0	4
Horta-Guinardó	2	0	0	0	2
Nou Barris	6	0	0	0	6
Sant Andreu	6	0	0	0	6
Sant Martí	5	0	0	0	5
Total	**40**	**3**	**15**	**6**	**64**

Fuente: www.barcelonacultura.bcn.cat
        1989, 1993, 1996.
        Elaboración propia

Anexo 2: Editoriales universitarias españolas.

Nº	Nombre editorial	Año fundación	Idiomas de publicación	Colecciones	Revistas	Total puntos
1	Universidad Complutense de Madrid	1978	8	16	54	78
2	Universitat de Barcelona	1952	5	24	39	68
3	Universidad de Deusto	1973	2	39	10	51
4	Universidad de Murcia	1943	6	3	33	42
5	Consejo Superior de Investigaciones Científicas-C.S.I.C.	1939	10	31	0	41
6	Universidad de Granada	1949	6	17	13	36
7	Universitat de Lleida	1997	4	26	5	35
8	Universidad del País Vasco	1982	3	19	11	33
9	Instituto Alicantino de Cultura Juan Gil-Albert	1987	2	30	0	32
10	Universidad de Valladolid	1949	1	18	12	31
11	Universidad de Sevilla	1938	2	18	10	30
12	Universitat de València	1920	4	9	16	29
13	Universidad de Oviedo	1978	2	17	6	25
14	Universitat Autónoma de Barcelona	1979	3	7	14	24
15	Universidad de Cádiz	1981	1	4	17	22
16	Universidad de Jaén	1993	2	10	10	22
17	Universidade de Santiago de Compostela	1945	4	8	10	22
18	Universidad de Alcalá	1996	1	19	0	20
19	Universidad de Las Palmas de Gran Canaria	1992	2	10	8	20
20	Universidad de Málaga	1979	3	10	7	20
21	U.N.E.D.	1972	1	7	11	19
22	Universidad Pontificia de Salamanca	1964	3	8	7	18
23	Universitat de les Illes Balears	1979	3	8	6	17
24	Universidad Pontificia	1975	1	11	5	17

	Comillas				
25	Universidade de Vigo	1990	5	12	0	17
26	Universidad de Extremadura	1981	3	3	10	16
27	Universidad de Córdoba	1976	1	6	8	15
28	Universitat de Girona	1992	1	10	4	15
29	Universidad de León	1986	1	14	0	15
30	Universidad Europea de Madrid-CEES	1994	4	10	0	14
31	Universidad de Huelva	1993	2	9	3	14
32	Universidad de La Laguna	1949	1	4	9	14
33	Universitat Jaume I	1991	3	9	1	13
34	Universidad de La Rioja	1994	3	3	6	12
35	Universitat Politécnica de Valencia	1986	3	7	2	12
36	Universidad de Almería	1994	3	8	0	11
37	Universidad de Castilla-La Mancha	1988	3	8	0	11
38	Universitat Oberta de Catalunya	1996	3	8	0	11
39	Universitat Politécnica de Catalunya	1994	3	8	0	11
40	Universidad Pública de Navarra	1997	3	5	3	11
41	Universidad de Cantabria	1988	1	8	0	9
42	Universidad Católica San Antonio de Murcia	1998	3	4	2	9
43	Universidad de Zaragoza	1985	2	7	0	9
44	Universidad de Burgos	1997	2	5	0	7
45	Universidad Autónoma de Madrid	1983	1	5	0	6
46	Diputación Provincial de Sevilla	1949	1	4	1	6
47	Universitat Pompeu Fabra	1990	2	3	0	5
48	Universitat d'Alacant	1980	2	2	0	4
49	Universidad Camilo José Cela	2000	1	1	1	3
50	Universidad Rey Juan Carlos	1999	1	1	0	2

Fuente: Asociación de Editoriales Universitarias Españolas 2002.
www.icub.es
Elaboración propia.

Anexo 3: Jerarquía de autores catalanes en castellano

	Autor	Nº de obras	Premios	Miembro Real Academia	Mención en Quién es Quien en las Letras Españolas	Puntos	Taller de escritura
1	Matute, Ana María	17	12	5	1	35	No
2	Rojas, Carlos	12	10	0	1	23	No
3	Goytisolo, Luis	12	2	5	1	21	No
4	Goytisolo, Juan	20	0	0	1	21	No
5	Moix, Terenci	15	4	0	1	20	No
6	Marquina, Eduardo*	15	0	5	0	20	No
7	Vázquez Montalbán, Manuel	12	6	0	1	19	No
8	Sampedro, José Luis	11	2	5	0	18	No
9	Argullol, Rafael	14	4	0	0	18	No
10	Marsé, Juan	12	4	0	1	17	No
11	Trías, Eugenio	10	6	0	0	16	No
12	Salisachs, Mercedes	11	4	0	1	16	No
13	Romero, Luis	11	4	0	1	16	No
14	Racionero, Luis	10	6	0	0	16	No
15	Llop, José Carlos	14	2	0	0	16	No
16	Janés, Clara	12	4	0	1	16	No
17	Giménez Frontín, José L	15	0	0	1	16	No
18	Cirlot, Juan*	16	0	0	0	16	No
19	Ors, Eugenio D'*	14	0	0	1	15	No
20	Mendoza, Eduardo	10	4	0	1	15	No
21	León, Ricardo*	10	0	5	0	15	No
22	Kurtz, Carmen*	11	4	0	1	15	No
23	Barral, Carlos*	14	0	0	1	15	No
24	Mingote, Antonio	4	4	5	1	14	No
25	Azua, Felix de	13	0	0	1	14	No
26	Vila-Matas Enrique	10	2	0	0	12	No
27	Goytisolo, José Agustín*	11	0	0	1	12	No
28	Amat, Nuria	11	0	0	1	12	No
29	Pla, Josep*	11	0	0	0	11	No
30	Lentini, Javier*	11	0	0	0	11	No
31	Gimferrer, Pere	7	4	0	1	11	No
32	Vilalta, Maruxa	10	0	0	0	10	No
33	Laforet, Carmen	8	2	0	0	10	No
34	García Sánchez, Javier	9	0	0	1	10	No
35	Moix, Ana María	7	2	0	0	9	No
36	Gil De Biedma, Jaime*	9	0	0	0	9	No
37	Badosa, Enrique	8	0	0	1	9	No
38	Tusquets, Esther	6	2	0	0	8	No
39	Martín Andreu	7	0	0	1	8	No
40	Zarraluqui, Pedro	6	0	0	1	7	No
41	Ruiz, Raúl*	7	0	0	0	7	No
42	Ribot y Fontseré, Antonio*	7	0	0	0	7	No
43	Regás, Rosa	5	2	0	0	7	No
44	Grau, Jacinto*	7	0	0	0	7	No
45	Cortada, Juan*	7	0	0	0	7	No
46	Torres, Maruja	6	0	0	0	6	No
47	Pi i Maragall, Francisco*	6	0	0	0	6	No
48	Gomis, Lorenzo	4	2	0	0	6	No
49	Fernández Cubas, Cristina	6	0	0	0	6	No
50	Battló, José	5	0	0	1	6	No
51	Balmes, Jaime*	6	0	0	0	6	No
52	Gener, Pompeyo*	5	0	0	0	5	No
53	España, Ramón de	5	0	0	0	5	No
54	Abad, Mercedes	4	2	0	0	5	No
55	Vidal-Folch, Igancio	4	0	0	0	4	No
56	Rigalt, Carmen	2	2	0	0	4	No

57	Pifferer, Pau*	4	0	0	0	4	No
58	Milá y Fontanals, Manuel*	4	0	0	0	4	No
59	López Soler, Ramón*	4	0	0	0	4	No
60	Guirao, Olga	2	2	0	0	4	No
61	Comingues, Jorge	4	0	0	0	4	No
62	Alcover, Joan*	4	0	0	0	4	No
63	Margarit, Juan	3	0	0	0	3	No
64	Boscan, Juan*	3	0	0	0	3	No
65	Belbel, Sergio	2	0	0	1	3	No
66	Puigblanc, Antonio*	2	0	0	0	2	No
67	Jaén, María	2	0	0	0	2	No
68	Casavella, Francisco	2	0	0	0	2	No
69	Cañeque, Carlos	1	0	0	1	2	No
70	Arolas, Juan*	2	0	0	0	2	No
71	Freixas, Laura	1	0	0	0	1	No

* Autores desaparecidos

Fuente:　Navarro Duran, R. *Enciclopedia de Escritores En Lengua Castellana*. Barcelona 2000.
　　　　　Centro de las Letras Españolas. *Quíen es Quíen En Las Letras Españolas*. Madrid 1988.
　　　　　Elaboración propia

Anexo 4: Jerarquía de autores catalanes en catalán

Los autores aparecen codificados en el mismo orden que en la página web qui es qui. Para localizarlos hay que ir a sus correspondientes páginas web. Los saltos se deben al uso de seudónimos: el autor aparecerá en el orden alfabético tanto del seudónimo que el nombre propio.

La residencia se desglosa de forma siguiente:
1-Barcelona
2-Área Metropolitana
3-Cataluña
4-Fuera de Cataluña

Autor	Residencia	Obras	Premios	Idiomas	Total Puntos
p72	1	7	5	126	138
a23	1	16	10	100	126
b192	1	10	7	106	123
c77	3	10	3	102	115
v25	3	22	6	82	110
o31	2	1	2	103	105
c215	1	7	12	80	99
e54	1	8	10	70	88
j14	4	15	5	65	85
l19	2	5	8	70	83
p124	1	7	9	65	81
a88	3	6	5	69	80
c69	1	8	0	71	79
b67	1	8	7	64	79
b82	1	11	8	58	77
s135	4	16	9	47	72
a75	4	6	1	63	72
f53	1	13	4	48	71
v48	1	8	1	61	70
o8	1	17	5	48	70
l76	4	32	0	38	70
l3	1	8	10	50	68
g62	1	21	10	37	68
b86	1	12	1	55	68
x10	3	20	5	41	66
m79	1	4	5	56	65
f97	4	7	1	55	65
m78	3	16	6	40	62
d41	1	6	4	50	60
c231	1	4	0	55	60
s129	4	7	11	39	57
l10	1	0	5	51	56
b147	4	13	3	39	55
p27	1	14	4	36	54
j70	2	3	1	48	52

v103	1	1	2	47	50
p40	3	6	2	42	50
p141	4	7	6	37	50
c27	1	10	6	34	50
b79	3	0	7	42	49
v73	1	5	1	42	48
s128	1	5	2	40	47
m214	1	10	13	24	47
g89	2	2	2	43	47
t9	3	7	2	37	46
g84	1	0	0	46	46
c10	1	19	2	25	46
r123	1	5	12	28	45
m186	1	9	4	32	45
j37	1	19	4	22	45
e11	1	19	4	22	45
v9	1	11	0	33	44
s174	1	14	1	29	44
c183	1	10	1	32	43
a56	4	8	2	33	43
s47	4	5	1	36	42
m216	1	5	9	28	42
c211	1	8	1	32	41
c152	1	5	4	32	41
a42	3	2	5	34	41
r75	4	11	7	22	40
m177	4	10	2	27	39
g37	3	5	7	27	39
g30	3	9	1	29	39
p154	4	5	2	31	38
b39	1	4	0	34	38
v97	2	0	1	36	37
s14	3	24	0	13	37
c274	1	4	0	34	37
a113	4	10	0	27	37
t53	1	2	1	33	36
l23	3	8	6	22	36
f7	4	9	1	26	36
r77	4	8	9	16	35
o25	4	5	5	25	35
s29	1	5	2	27	34
c49	1	6	5	23	34
b58	1	8	1	25	34
v117	2	9	2	22	33
r98	3	6	5	22	33
f96	1	3	2	28	33
f72	2	9	1	23	33
b18	1	2	2	29	33
b123	1	0	0	33	33
a129	1	3	1	29	33
a102	4	2	2	29	33
s136	4	9	1	22	32
f18	4	5	1	27	32

c11	1	7	0	25	32
t11	1	6	1	24	31
l49	4	6	0	25	31
j27	1	4	7	17	31
c91	2	0	1	30	31
c44	1	0	0	31	31
b213	3	7	1	23	31
a18	4	5	1	25	31
m47	1	0	4	26	30
m203	1	10	13	7	30
c168	1	3	3	24	30
a57	2	0	5	25	30
t69	3	13	0	16	29
s43	1	2	1	26	29
p48	2	9	3	17	29
g17	1	5	0	24	29
f85	4	6	4	19	29
c261	3	3	3	23	29
s187	1	5	9	14	28
p37	3	11	0	17	28
p126	1	1	1	26	28
l80	1	3	1	24	28
j35	3	2	7	19	28
j10	2	2	7	19	28
g123	4	7	0	21	28
d33	1	2	4	24	28
c55	4	2	1	25	28
a27	4	2	1	25	28
s96	1	1	3	23	27
r35	4	7	1	19	27
p183	4	7	1	19	27
p172	4	9	0	18	27
m34	1	8	8	11	27
l65	3	4	2	21	27
g82	4	2	0	25	27
a92	1	0	6	21	27
a112	1	6	0	21	27
v114	4	7	0	19	26
m118	1	12	1	13	26
l15	4	4	1	21	26
g99	2	6	2	18	26
g57	1	0	0	26	26
e4	1	11	0	15	26
d5	2	7	2	17	26
c93	1	4	5	17	26
c64	1	5	0	21	26
c273	3	3	0	23	26
c110	2	6	3	17	26
a4	1	8	1	17	26
x7	1	7	1	17	25
s65	4	5	0	20	25
s184	3	3	0	22	25
r24	1	6	1	18	25

p32	4	7	0	18	25
m43	3	9	0	16	25
m234	4	5	2	18	25
l86	1	5	0	20	25
l24	4	4	7	14	25
g93	1	0	3	22	25
c207	1	4	1	20	25
c191	3	5	1	19	25
a33	2	3	1	21	25
a117	4	3	5	17	25
t48	4	3	1	20	24
r1	4	2	5	17	24
o1	1	2	4	18	24
m232	1	1	0	23	24
m150	4	0	3	21	24
m126	4	0	8	16	24
m102	4	4	0	20	24
j59	2	7	0	17	24
j5	4	12	0	12	24
j29	1	12	5	7	24
f23	1	1	7	16	24
d14	2	9	1	14	24
c151	4	5	1	18	24
c149	3	3	3	18	24
c14	4	6	0	18	24
a115	3	2	3	19	24
t73	4	11	1	11	23
s24	3	2	0	21	23
r67	2	1	6	16	23
p221	4	3	1	19	23
p216	1	1	2	20	23
m69	1	8	1	14	23
m17	2	3	1	19	23
j13	1	6	0	17	23
h4	3	5	2	14	23
c135	1	7	2	14	23
b21	4	9	0	14	23
a70	3	4	0	19	23
a20	2	2	0	21	23
a132	1	12	5	7	23
t10	1	2	0	20	22
m52	1	10	2	10	22
m167	1	3	1	18	22
l53	1	2	5	15	22
l26	4	2	1	19	22
i12	4	4	4	14	22
g86	4	6	1	11	22
e73	1	3	1	18	22
c147	4	4	4	14	22
b71	1	2	0	20	22
b32	1	8	3	11	22
b190	4	2	0	18	22
b111	1	4	0	18	22

r115	4	5	2	14	21
p132	2	4	0	17	21
m133	1	5	3	13	21
m128	1	0	0	20	21
j64	2	10	0	11	21
g31	4	8	0	13	21
g19	1	0	1	20	21
g134	3	1	0	20	21
c96	3	7	1	13	21
c114	1	4	0	17	21
b83	4	3	0	18	21
b76	2	2	3	16	21
b56	4	7	1	13	21
b51	1	3	1	17	21
v76	4	9	0	11	20
s39	4	3	3	14	20
p52	4	7	0	13	20
p17	4	4	0	16	20
p164	3	10	0	10	20
m188	1	5	5	10	20
j1	1	2	2	16	20
f88	4	3	1	17	20
f74	2	4	1	15	20
f1	3	5	3	12	20
d18	1	1	3	16	20
c179	2	4	1	15	20
c120	4	5	0	15	20
b20	1	6	0	14	20
b102	4	3	0	17	20
r81	2	4	0	15	19
p209	2	3	0	16	19
l45	3	6	2	11	19
j72	2	4	1	14	19
j38	4	4	1	14	19
j36	4	10	1	8	19
g94	4	4	0	15	19
g91	4	4	2	13	19
f15	1	0	8	11	19
f13	1	0	1	18	19
e31	4	9	0	10	19
d13	4	4	1	14	19
c271	2	3	5	11	19
c267	1	0	7	12	19
b95	1	6	1	12	19
b28	1	3	6	12	19
b171	1	5	3	11	19
b132	1	0	2	17	19
v72	4	1	0	17	18
v28	4	7	1	10	18
v135	2	0	8	10	18
v133	1	0	0	18	18
s98	4	1	0	17	18
s45	1	6	0	12	18

s33	1	2	4	12	18
s151	1	4	1	13	18
s111	2	7	0	11	18
r76	1	3	2	13	18
r28	1	2	1	15	18
r20	1	2	1	15	18
r163	4	7	0	11	18
p237	2	3	1	14	18
n8	1	5	0	13	18
l83	4	7	1	12	18
j17	1	3	3	12	18
h13	4	5	1	13	18
g46	1	5	0	13	18
f5	3	3	1	14	18
f4	3	1	2	15	18
e51	1	0	1	17	18
c34	2	6	0	12	18
b184	2	5	1	13	18
b148	4	1	1	16	18
b133	2	3	5	10	18
a86	4	0	2	16	18
a84	1	5	0	13	18
a100	2	4	0	14	18
s170	1	4	4	9	17
s104	4	5	0	12	17
r73	3	4	0	13	17
r59	1	1	2	14	17
p231	3	7	0	10	17
p230	3	3	0	14	17
p138	3	1	1	15	17
p131	4	0	0	17	17
n7	4	9	0	8	17
m245	1	2	0	15	17
l71	1	4	2	11	17
j33	4	1	1	15	17
h30	4	2	0	15	17
h28	4	2	0	15	17
g79	1	3	0	14	17
g6	1	3	1	13	17
f47	2	3	1	13	17
c154	4	1	0	16	17
b143	4	6	1	10	17
a7	3	0	8	9	17
a48	4	7	1	9	17
v32	1	3	1	12	16
v136	2	5	1	10	16
s64	3	6	0	10	16
s50	1	1	0	15	16
s113	1	5	1	10	16
p29	2	1	2	13	16
p194	3	4	1	11	16
m8	3	1	0	15	16
m101	2	5	3	8	16

l31	1	0	0	16	16
j43	3	1	0	15	16
g95	1	3	0	13	16
g107	4	4	4	8	16
f55	3	4	0	12	16
f3	3	2	2	12	16
c99	3	0	5	11	16
c256	4	4	0	12	16
c249	4	5	0	11	16
c228	3	4	0	12	16
c200	4	0	0	16	16
c156	2	8	0	8	16
c148	4	5	1	10	16
c145	1	5	2	9	16
b3	1	7	0	9	16
b114	1	1	1	14	16
a35	1	1	2	13	16
v83	3	0	0	15	15
v23	1	0	1	14	15
u9	4	7	0	8	15
s99	1	5	1	10	15
s81	1	1	3	11	15
s20	3	1	0	14	15
r61	3	2	2	11	15
r2	1	5	2	8	15
p9	2	0	3	12	15
p180	1	5	0	10	15
p115	1	0	3	12	15
o20	3	4	0	11	15
m95	1	0	4	11	15
m246	1	1	0	14	15
m243	1	3	0	12	15
m156	1	0	0	15	15
j50	2	0	5	10	15
g85	3	6	0	9	15
g130	4	4	0	11	15
f45	4	1	0	14	15
f26	1	1	0	14	15
d15	4	1	0	14	15
c78	4	3	0	12	15
c51	1	0	0	15	15
c268	4	3	0	12	15
c264	1	2	0	13	15
c260	1	2	0	13	15
c198	4	5	1	9	15
b204	4	3	1	10	15
b2	1	2	1	11	15
b135	1	3	2	10	15
b108	3	1	0	14	15
a96	3	1	5	9	15
a22	4	5	0	10	15
v71	3	1	0	13	14
v60	4	1	0	13	14

v37	1	0	1	13	14
t31	4	1	0	13	14
s158	2	0	0	14	14
r172	1	2	3	9	14
p62	4	1	0	13	14
p22	1	5	0	9	14
p205	2	0	0	14	14
p116	1	0	4	10	14
m87	4	1	0	13	14
m229	1	0	2	12	14
m131	3	3	0	11	14
l7	1	4	0	10	14
g80	1	0	3	11	14
g70	4	5	0	9	14
f52	1	5	0	9	14
e77	1	0	0	14	14
e59	1	1	0	13	14
e27	3	1	5	8	14
d1	1	1	5	8	14
c82	1	1	0	13	14
c213	3	1	1	12	14
c174	4	1	0	13	14
c117	1	5	0	9	14
b53	1	0	0	14	14
b175	4	2	1	11	14
t60	2	0	0	13	13
t15	1	5	0	8	13
s179	1	3	2	8	13
s141	1	1	1	11	13
s118	3	2	1	10	13
r97	1	1	1	11	13
r5	1	1	0	12	13
r160	2	1	0	12	13
r140	1	1	0	12	13
q9	2	0	1	12	13
p59	1	1	0	12	13
p44	2	4	0	9	13
p39	1	1	3	9	13
p158	1	3	1	9	13
m32	4	1	0	12	13
m218	2	9	0	4	13
m181	1	5	0	8	13
g7	1	1	2	10	13
g48	4	2	0	11	13
g20	4	1	0	12	13
g118	4	2	0	11	13
f51	4	1	2	10	13
e24	1	6	0	7	13
e1	2	2	0	11	13
d20	1	3	0	10	13
c233	1	0	1	12	13
c175	2	1	0	12	13
c128	2	0	0	13	13

c101	1	0	1	12	13
b46	1	4	0	9	13
b104	4	4	0	9	13
a91	3	0	0	13	13
a68	1	2	1	10	13
a44	1	5	0	8	13
v98	3	1	0	11	12
v80	1	6	0	6	12
t42	1	3	3	6	12
s41	4	4	0	8	12
s122	3	3	3	6	12
r119	3	2	0	10	12
p76	3	3	0	9	12
p53	1	2	2	8	12
p190	4	1	1	10	12
o13	1	0	1	11	12
n10	1	0	0	12	12
m98	1	4	0	8	12
m90	4	4	0	8	12
m162	1	1	3	8	12
m135	4	6	0	6	12
l84	3	0	0	12	12
l64	2	1	6	5	12
j24	3	1	0	11	12
i6	3	2	0	10	12
i11	4	6	0	6	12
g67	1	1	4	7	12
g132	4	0	0	12	12
g101	1	0	0	12	12
f33	4	0	1	11	12
e15	4	4	0	8	12
d39	1	4	2	6	12
d23	4	3	0	9	12
c72	4	0	1	11	12
c46	2	0	0	12	12
c43	2	0	0	12	12
c253	2	2	0	10	12
c214	3	1	1	10	12
b70	4	0	0	12	12
b41	4	0	0	12	12
b165	3	0	0	12	12
b117	1	1	1	10	12
b115	3	8	0	4	12
a72	3	5	0	7	12
a37	3	2	1	9	12
a30	4	1	2	9	12
a124	3	2	0	10	12
a103	1	0	0	12	12
v58	1	4	0	7	11
v46	3	5	0	6	11
v101	2	3	0	8	11
s68	4	3	0	8	11
r175	3	0	0	11	11

r155	3	0	0	11	11
p81	4	0	0	11	11
p43	3	1	0	10	11
p229	1	4	1	6	11
p175	1	1	0	10	11
p14	4	3	0	8	11
o50	3	0	1	10	11
o46	3	1	1	9	11
m24	1	4	0	7	11
m220	4	1	1	9	11
m207	1	8	0	3	11
m142	1	1	1	9	11
m116	3	2	2	7	11
j9	1	3	0	8	11
j52	4	1	0	10	11
j3	1	0	2	9	11
h19	1	0	5	6	11
g54	1	3	0	8	11
g27	1	6	1	4	11
f81	1	1	0	10	11
f56	3	6	0	5	11
f50	4	1	0	10	11
f25	4	2	0	9	11
f22	3	0	1	10	11
e64	3	1	0	3	11
e46	3	0	1	10	11
e45	1	2	3	6	11
d36	1	1	1	9	11
c94	3	3	0	8	11
c8	2	3	0	8	11
c61	1	1	0	10	11
c29	1	0	2	9	11
c276	3	0	0	11	11
c244	3	3	1	7	11
c111	2	1	0	10	11
b54	1	2	0	9	11
a41	1	2	1	8	11
a12	4	0	0	11	11
x9	1	0	3	7	10
v90	4	2	0	8	10
v84	2	0	1	9	10
t80	3	0	0	10	10
t66	3	0	0	10	10
t3	1	0	2	8	10
s79	1	1	3	6	10
s62	4	2	0	8	10
s185	2	0	0	10	10
s117	4	0	1	9	10
r17	1	0	0	10	10
r169	3	0	0	10	10
r161	4	3	1	6	10
r118	4	3	0	7	10
r114	4	3	0	7	10

p30	3	2	2	6	10
p239	3	5	0	5	10
p105	3	2	0	8	10
o15	1	4	0	6	10
n5	4	3	0	7	10
m83	3	0	0	10	10
m236	1	2	0	8	10
m228	4	4	0	6	10
m199	2	1	2	7	10
m153	4	1	0	9	10
m103	4	3	0	7	10
l33	3	2	3	5	10
j57	4	0	0	10	10
h29	3	6	0	4	10
g61	1	0	0	10	10
g58	4	2	0	8	10
g38	4	5	0	5	10
g121	2	3	0	7	10
f69	1	5	0	5	10
f42	3	4	1	5	10
f37	4	4	0	6	10
e61	1	3	0	7	10
e29	4	4	0	6	10
d7	3	2	0	8	10
d17	3	1	0	9	10
c81	4	0	2	8	10
c48	1	2	0	8	10
c223	3	2	0	8	10
c158	3	2	0	8	10
c140	4	1	0	9	10
b98	1	0	0	10	10
b94	3	0	0	10	10
b78	1	2	0	8	10
b36	1	0	0	10	10
b196	1	5	0	5	10
b158	1	5	0	5	10
b140	3	3	0	7	10
a98	4	2	0	8	10
a61	1	2	1	7	10
a60	1	2	1	7	10
a5	3	1	2	7	10
a29	1	2	0	8	10
a139	1	3	1	6	10
a135	1	3	0	7	10
a134	2	0	0	10	10
a108	1	3	0	7	10
v93	4	1	0	8	9
v79	4	2	0	7	9
v69	4	2	0	7	9
v44	4	0	0	9	9
v17	3	2	0	7	9
t34	4	0	0	9	9
t29	3	2	0	7	9

t28	4	2	0	7	9
t21	4	0	0	9	9
s67	1	1	0	8	9
s2	1	0	4	5	9
s182	3	1	0	8	9
s15	4	0	0	9	9
r83	1	3	0	6	9
r4	4	0	0	9	9
r33	4	2	1	6	9
p96	3	1	0	8	9
p77	4	0	5	4	9
p208	3	3	0	6	9
p179	1	1	0	8	9
p12	3	1	0	8	9
p112	1	3	1	5	9
m38	4	0	2	7	9
m217	4	1	0	8	9
m205	4	6	0	3	9
m172	4	1	0	8	9
l43	1	0	1	8	9
i1	1	1	0	8	9
h31	4	1	1	7	9
g9	3	1	0	8	9
g44	1	0	0	9	9
f90	4	2	0	7	9
f79	2	0	0	9	9
f38	4	1	0	8	9
c88	1	3	0	6	9
c41	2	0	1	8	9
c32	2	0	0	9	9
c247	4	2	0	7	9
c242	1	2	0	7	9
c226	2	2	0	7	9
c221	2	3	0	6	9
c205	3	0	2	7	9
c162	4	5	0	4	9
c105	1	0	2	7	9
b96	2	2	1	6	9
b88	4	2	0	7	9
b61	1	3	0	6	9
b38	1	0	0	9	9
b30	1	2	0	7	9
b22	1	2	4	3	9
b212	1	0	0	9	9
b211	1	1	1	7	9
b169	1	3	2	4	9
b161	1	2	0	7	9
b138	4	0	2	7	9
b125	1	5	0	4	9
b112	1	1	0	8	9
a95	4	0	2	7	9
a85	1	3	0	6	9
a69	1	1	0	8	9

a17	1	2	0	7	9
a13	1	6	0	3	9
a121	1	2	0	7	9
t78	1	1	1	6	8
t68	1	2	0	6	8
t25	4	1	0	7	8
s92	1	4	0	4	8
s89	1	1	0	7	8
s60	1	2	0	6	8
s53	4	1	0	7	8
s23	2	3	0	5	8
s186	2	3	0	5	8
s181	3	0	4	4	8
s149	4	0	0	8	8
r8	1	2	0	6	8
r41	1	1	0	7	8
r18	1	0	0	8	8
r146	1	1	0	7	8
r131	1	5	0	3	8
r111	4	3	0	5	8
r107	4	2	0	6	8
p8	3	2	0	6	8
p67	3	1	0	7	8
p61	1	0	3	5	8
p220	3	2	0	6	8
p177	1	3	0	5	8
o48	1	0	0	8	8
m99	4	3	0	5	8
m71	4	1	0	7	8
m7	1	4	0	4	8
m50	4	1	0	7	8
m21	4	4	0	4	8
m160	1	1	0	7	8
m110	3	2	0	6	8
m108	1	1	0	7	8
l39	1	4	0	4	8
j7	4	1	0	7	8
g66	4	4	0	4	8
g53	4	1	0	7	8
g43	2	1	0	7	8
g32	3	2	0	6	8
g21	3	2	0	6	8
g112	2	0	1	7	8
g110	4	3	0	5	8
f94	1	1	0	7	8
f12	3	0	0	8	8
d40	1	0	2	6	8
d3	3	0	1	7	8
d22	4	0	2	6	8
c57	3	0	0	8	8
c33	4	0	0	8	8
c230	1	3	0	5	8
c23	4	3	0	5	8

c190	3	0	0	8	8
c16	1	0	0	8	8
c12	2	0	0	8	8
b92	1	1	0	7	8
b65	2	4	0	4	8
b50	1	0	0	8	8
b207	4	2	0	6	8
b197	1	0	0	8	8
b182	3	0	1	7	8
b170	1	0	0	8	8
b168	2	0	0	8	8
b16	1	3	0	5	8
b12	3	1	0	7	8
a62	1	0	1	7	8
a47	4	1	1	6	8
a14	4	1	0	7	8
a128	1	3	0	5	8
a111	1	2	0	6	8
x13	4	3	0	4	7
v15	4	1	1	5	7
v119	1	0	0	7	7
u1	3	0	0	7	7
t5	1	2	0	5	7
t38	2	0	2	5	7
t18	1	1	0	6	7
s51	1	1	0	6	7
s49	1	3	0	4	7
s17	3	3	0	4	7
s153	3	1	0	6	7
s1	1	1	0	6	7
r94	1	1	0	6	7
r80	3	2	0	5	7
r7	1	3	0	4	7
r55	4	0	0	7	7
r47	1	0	0	7	7
r168	3	3	0	4	7
r139	1	0	0	7	7
r120	4	2	0	5	7
r102	1	3	0	4	7
r101	1	1	1	5	7
p93	4	2	0	5	7
p91	1	0	1	6	7
p85	1	0	0	7	7
p70	1	4	0	3	7
p54	4	2	0	5	7
p218	1	1	0	6	7
p203	4	2	0	5	7
p200	3	0	0	7	7
p161	3	1	0	6	7
p159	4	4	0	3	7
p151	1	3	0	4	7
p107	4	1	2	4	7
o40	2	0	0	7	7

o38	2	0	0	7	7
o17	1	2	0	5	7
n15	1	2	0	5	7
m66	1	0	0	7	7
m26	4	1	0	6	7
m2	4	2	0	5	7
m192	2	0	0	7	7
m190	3	0	2	5	7
m176	3	0	0	7	7
m143	4	0	0	7	7
m139	3	3	0	4	7
m125	4	3	0	4	7
m105	4	1	0	6	7
l9	4	0	0	7	7
j54	1	2	0	5	7
j39	1	3	1	3	7
h7	3	1	1	5	7
g73	4	0	0	7	7
g72	4	3	0	4	7
g64	4	1	2	4	7
g56	4	2	0	5	7
g133	4	2	0	5	7
g12	4	0	1	6	7
f91	1	4	1	2	7
f67	1	0	0	7	7
f28	4	3	0	4	7
e76	3	0	0	7	7
e68	4	2	0	5	7
e63	1	1	0	6	7
d31	4	3	1	3	7
d11	1	0	1	6	7
d10	4	1	1	5	7
c25	2	0	0	7	7
c172	1	1	0	6	7
b66	4	2	0	5	7
b34	1	0	0	7	7
b26	1	0	0	7	7
b189	1	0	0	7	7
b181	4	1	0	6	7
b164	4	2	1	4	7
b156	2	0	0	7	7
a119	4	0	2	5	7
v30	3	0	0	6	6
v123	1	0	1	5	6
t23	2	1	0	5	6
s74	1	2	0	4	6
s48	3	2	0	4	6
s31	1	1	1	4	6
s175	3	1	1	4	6
s161	4	2	0	4	6
s157	3	0	0	6	6
s147	1	1	0	5	6
s144	3	1	1	4	6

s139	1	1	0	5	6
s126	2	3	0	3	6
r85	1	0	1	5	6
r54	4	0	1	5	6
r147	3	0	0	6	6
r145	3	0	1	5	6
r134	1	1	1	4	6
r109	1	1	0	5	6
r10	1	0	1	5	6
p99	4	3	0	3	6
p86	4	1	0	5	6
p78	1	0	0	6	6
p55	4	2	0	4	6
p196	4	2	0	4	6
p182	4	2	0	4	6
o45	4	1	0	5	6
o44	3	0	0	6	6
o37	3	3	0	3	6
n17	4	0	0	6	6
m97	3	0	0	6	6
m93	4	2	0	4	6
m86	4	2	0	4	6
m73	1	0	0	6	6
m70	1	0	0	6	6
m63	3	0	0	6	6
m59	2	0	0	6	6
m30	3	3	0	3	6
m3	4	0	0	6	6
m212	2	3	0	3	6
m201	4	1	0	5	6
m195	3	1	0	5	6
m171	3	1	0	5	6
m168	4	1	0	5	6
m147	4	2	0	4	6
m144	4	0	0	6	6
m132	3	2	0	4	6
m13	1	2	0	4	6
m109	2	0	1	5	6
l37	3	4	0	2	6
l25	1	0	0	6	6
j66	1	0	1	5	6
j62	1	3	0	3	6
i8	3	1	0	5	6
g4	1	0	0	6	6
g29	3	0	0	6	6
g2	1	0	0	6	6
g106	3	2	0	4	6
f19	3	2	2	2	6
e71	3	0	0	6	6
e56	4	2	0	4	6
e40	2	4	2	2	6
e23	1	1	1	4	6
e19	1	2	0	4	6

e12	2	0	0	6	6
d9	1	2	0	4	6
d26	2	1	0	5	6
c87	4	2	2	4	6
c59	4	4	0	2	6
c243	2	0	0	6	6
c240	3	0	0	6	6
c21	1	0	0	6	6
c178	4	0	0	6	6
c165	1	0	2	4	6
c143	3	0	0	6	6
c124	3	1	0	5	6
c108	4	0	0	6	6
b85	4	1	0	5	6
b69	1	0	0	6	6
b68	2	0	0	6	6
b47	4	2	0	4	6
b27	1	0	0	6	6
b187	1	0	0	6	6
b183	1	0	3	3	6
b157	4	0	0	6	6
b146	2	0	0	6	6
b13	1	0	0	6	6
b121	2	3	0	3	6
b100	3	0	0	6	6
a63	1	0	0	6	6
a54	2	2	1	3	6
a32	1	0	0	6	6
a3	1	1	0	5	6
a2	4	3	0	3	6
a10	1	0	3	3	6
v107	1	1	0	4	5
t76	3	1	0	4	5
t33	1	0	1	4	5
s87	4	1	0	4	5
s73	1	0	0	5	5
s72	1	1	0	4	5
s69	3	1	0	4	5
s37	4	0	0	5	5
s34	1	0	0	5	5
s18	3	1	0	4	5
s150	2	1	0	4	5
s143	3	2	0	3	5
s114	1	0	0	5	5
s109	4	1	0	4	5
r89	4	1	0	4	5
r72	4	0	0	5	5
r51	3	1	0	4	5
r149	3	2	0	3	5
r100	1	0	0	5	5
q8	3	0	0	5	5
p87	4	0	0	5	5
p235	1	1	1	3	5

p232	3	3	0	2	5
p212	3	2	0	3	5
p178	3	1	0	4	5
p174	1	0	0	5	5
p165	1	0	0	5	5
p114	1	0	0	5	5
p111	1	0	0	5	5
p109	4	3	0	2	5
p104	3	0	0	5	5
o29	4	3	0	2	5
o28	4	3	0	2	5
o18	4	2	1	2	5
o11	1	2	0	3	5
m92	4	1	0	4	5
m89	4	1	1	3	5
m88	3	1	0	4	5
m80	1	0	0	5	5
m53	1	1	0	4	5
m51	4	1	0	4	5
m45	1	1	0	4	5
m28	1	2	0	3	5
m241	4	1	0	4	5
m226	2	0	1	4	5
m225	4	1	0	4	5
m206	3	1	0	4	5
m193	3	1	0	4	5
m183	1	0	2	3	5
l77	4	1	0	4	5
l74	4	2	0	3	5
l29	4	1	0	4	5
l22	4	2	0	3	5
l2	4	2	0	3	5
j69	1	1	4	2	5
j67	2	3	0	2	5
j63	4	2	0	3	5
j42	4	0	0	5	5
j20	3	1	0	4	5
j2	4	0	0	5	5
i10	4	0	0	5	5
h24	1	0	0	5	5
h18	1	0	2	3	5
g49	4	2	0	3	5
g45	4	2	0	3	5
g126	3	0	0	5	5
g120	3	1	0	4	5
g105	3	2	0	3	5
g102	3	0	0	5	5
f92	2	0	0	5	5
f76	4	2	0	3	5
f65	1	1	0	4	5
f61	3	1	0	4	5
f34	4	1	0	4	5
e47	4	2	0	3	5

e25	4	0	0	5	5
d30	2	0	0	5	5
d27	1	0	3	2	5
c90	2	1	0	4	5
c83	4	1	1	3	5
c66	3	1	1	3	5
c62	3	1	0	4	5
c53	4	2	0	3	5
c38	4	1	1	3	5
c258	4	2	0	3	5
c255	1	1	0	4	5
c252	1	0	0	5	5
c246	3	2	0	3	5
c208	3	0	0	5	5
c2	2	1	0	4	5
c176	4	1	0	4	5
c163	1	0	1	4	5
c161	2	0	0	5	5
c133	1	1	0	4	5
c126	3	1	0	4	5
b60	3	1	0	4	5
b45	1	0	0	5	5
b202	2	0	3	2	5
b195	1	0	1	4	5
b179	2	0	0	5	5
b177	4	0	0	5	5
b163	4	2	0	3	5
b155	4	1	0	4	5
b15	4	3	0	2	5
b142	1	0	0	5	5
b14	1	0	0	5	5
b131	2	2	0	3	5
b122	1	2	0	3	5
b119	2	0	3	2	5
a82	1	2	1	3	5
a66	2	1	0	4	5
a65	2	1	0	4	5
a59	2	3	0	2	5
a52	3	0	0	5	5
a45	4	1	1	3	5
a15	3	2	0	3	5
a137	1	1	0	4	5
a123	1	1	0	4	5
z2	4	1	0	3	4
v87	3	0	0	4	4
v41	4	2	0	2	4
v34	1	1	0	3	4
v16	2	2	0	2	4
v130	3	0	0	4	4
v126	3	1	0	3	4
v115	3	1	0	3	4
v113	3	0	0	4	4
v110	1	0	1	3	4

v11	3	0	0	4	4
t56	3	0	1	3	4
t51	1	0	1	3	4
t44	2	1	0	3	4
t27	4	1	0	3	4
t19	4	2	0	2	4
t1	4	2	0	2	4
s97	4	0	0	4	4
s95	1	2	0	2	4
s94	3	0	0	4	4
s82	1	0	0	4	4
s75	4	0	0	4	4
s70	3	0	0	4	4
s11	3	0	0	4	4
r88	2	0	0	4	4
r62	3	0	1	3	4
r173	2	1	0	3	4
r136	1	0	0	4	4
r12	3	0	0	4	4
p95	3	0	0	4	4
p74	4	0	0	4	4
p60	4	2	0	2	4
p56	3	1	0	3	4
p33	1	0	0	4	4
p207	2	0	0	4	4
p192	1	0	0	4	4
p191	1	2	0	2	4
p19	1	0	0	4	4
p181	4	2	0	2	4
p18	1	1	1	2	4
p167	4	0	0	4	4
p160	2	0	0	4	4
p150	2	0	0	4	4
p145	3	1	1	2	4
p120	3	0	0	4	4
p113	3	1	0	3	4
o5	3	0	1	3	4
o34	1	1	0	3	4
o32	1	2	0	2	4
o26	4	2	0	2	4
n4	4	0	0	4	4
n1	4	2	0	2	4
m77	2	0	0	4	4
m76	2	0	1	3	4
m57	3	0	0	4	4
m41	2	2	0	2	4
m4	3	0	0	4	4
m36	4	2	0	2	4
m253	1	1	0	3	4
m248	3	0	0	4	4
m213	1	0	0	4	4
m209	1	0	0	4	4
m182	2	1	0	3	4

m164	1	0	0	4	4
m159	4	0	0	4	4
m141	3	0	0	4	4
m10	1	1	0	3	4
m1	3	0	0	4	4
l75	3	0	0	4	4
l68	1	0	0	4	4
l67	1	0	0	4	4
l66	1	0	0	4	4
l61	1	0	0	4	4
l58	2	0	0	4	4
l51	1	0	0	4	4
l35	1	1	0	3	4
k1	4	0	0	4	4
j61	3	1	0	3	4
j45	4	0	0	4	4
j26	1	0	0	4	4
j19	2	0	0	4	4
h22	2	0	0	4	4
h16	4	0	0	4	4
h15	1	1	0	3	4
g42	4	0	2	2	4
g40	1	1	0	3	4
g33	3	1	0	3	4
g23	4	0	0	4	4
g13	4	0	1	3	4
g128	1	1	0	3	4
g114	1	1	0	3	4
g108	4	1	0	3	4
f9	1	1	0	3	4
f43	3	0	0	4	4
f40	3	0	1	3	4
f32	3	0	0	4	4
f30	3	0	0	4	4
e72	2	0	0	4	4
e57	1	0	0	4	4
e53	1	1	0	3	4
e52	1	2	0	2	4
e41	4	2	0	2	4
e20	3	2	0	2	4
e17	3	1	0	3	4
e13	2	0	0	4	4
d6	3	1	0	3	4
d32	1	0	2	2	4
c30	2	0	0	4	4
c269	2	0	0	4	4
c266	3	2	0	2	4
c254	2	2	0	2	4
c235	1	0	0	4	4
c216	4	2	0	2	4
c206	3	1	0	3	4
c202	3	0	1	3	4
c196	4	0	0	4	4

c19	2	0	0	4	4
c189	1	1	0	3	4
c181	1	1	0	3	4
c138	3	0	0	4	4
c130	3	0	1	3	4
c109	4	2	0	2	4
c107	1	1	0	3	4
c103	3	1	0	3	4
c1	3	0	0	4	4
b97	3	1	0	3	4
b90	1	1	0	3	4
b81	4	0	0	4	4
b7	4	1	1	2	4
b63	1	1	0	3	4
b48	1	0	0	4	4
b43	2	0	0	4	4
b208	3	2	0	2	4
b194	3	0	0	4	4
b188	1	0	0	4	4
b160	4	0	0	4	4
b151	4	0	1	3	4
b145	3	0	0	4	4
b118	3	1	0	3	4
b11	4	2	0	2	4
b105	4	0	0	4	4
a9	2	0	0	4	4
a81	1	1	0	3	4
a78	1	1	0	3	4
a39	1	0	0	4	4
a104	4	2	0	2	4
z4	4	0	0	3	3
z1	1	1	0	2	3
x1	1	0	0	3	3
v78	1	1	0	2	3
v70	2	0	1	2	3
v56	3	0	0	3	3
v50	1	0	0	3	3
v18	3	0	0	3	3
v13	1	0	0	3	3
u7	1	0	0	3	3
t81	3	0	0	3	3
t8	1	0	0	3	3
t61	1	0	0	3	3
t6	4	1	0	2	3
t54	4	0	0	3	3
t50	3	0	0	3	3
t36	4	1	0	2	3
s8	1	0	1	2	3
s76	3	0	0	3	3
s56	4	1	0	2	3
s4	3	0	0	3	3
s154	4	0	0	3	3
s148	1	0	1	2	3

s145	2	0	0	3	3
s138	3	0	0	3	3
s116	3	1	0	2	3
s10	3	1	0	2	3
r95	2	0	1	2	3
r86	3	0	0	3	3
r71	4	0	1	2	3
r58	4	1	0	2	3
r52	3	0	0	3	3
r171	1	0	0	3	3
r159	1	0	1	2	3
r158	4	0	0	3	3
r152	3	0	0	3	3
r124	4	1	0	2	3
q6	4	0	0	3	3
q3	1	1	0	2	3
p46	4	1	0	2	3
p34	4	0	0	3	3
p226	4	1	0	2	3
p225	3	0	0	3	3
p224	2	0	0	3	3
p188	4	0	0	3	3
p176	4	0	1	2	3
p140	4	0	0	3	3
p119	3	0	0	3	3
o33	3	0	0	3	3
o22	4	1	0	2	3
n2	1	0	0	3	3
m94	2	1	0	2	3
m85	1	1	0	2	3
m75	4	1	0	2	3
m74	3	0	0	3	3
m65	4	0	0	3	3
m61	4	1	0	2	3
m48	2	0	0	3	3
m40	3	0	1	2	3
m238	4	1	0	2	3
m23	4	0	0	3	3
m219	4	0	0	3	3
m208	1	1	0	2	3
m197	2	1	0	2	3
m180	4	1	0	2	3
m18	1	0	0	3	3
m173	2	0	0	3	3
m15	2	1	0	2	3
m12	2	1	0	2	3
l79	1	1	0	2	3
l62	1	1	0	2	3
l17	1	0	0	3	3
l13	3	0	0	3	3
l11	3	1	0	2	3
j73	1	0	0	3	3
j68	2	1	0	2	3

j60	3	0	0	3	3
j44	1	1	0	2	3
j41	2	0	0	3	3
j25	4	1	0	2	3
i3	4	0	0	3	3
h5	4	1	0	2	3
h10	4	0	0	3	3
g97	2	0	0	3	3
g77	4	0	0	3	3
g5	4	0	0	3	3
g47	4	1	0	2	3
g36	4	0	0	3	3
g34	2	1	0	2	3
g26	3	0	0	3	3
g25	1	0	0	3	3
g14	4	0	0	3	3
g117	1	0	0	3	3
g116	1	1	0	2	3
g11	4	1	0	2	3
f78	4	0	0	3	3
f64	1	1	0	2	3
f57	4	0	0	3	3
f39	1	0	0	3	3
f29	4	0	0	3	3
f2	3	0	1	2	3
f10	2	1	0	2	3
e69	1	0	0	3	3
e65	1	1	0	2	3
e37	1	0	0	3	3
e35	1	1	0	2	3
e32	1	0	0	3	3
e3	4	0	0	3	3
d38	2	0	0	3	3
d37	4	0	0	3	3
d21	4	1	0	2	3
c98	1	0	0	3	3
c84	4	0	0	3	3
c74	4	0	0	3	3
c60	1	1	0	2	3
c6	4	0	0	3	3
c42	1	1	0	2	3
c4	3	1	0	2	3
c39	1	0	1	2	3
c35	2	1	0	2	3
c248	1	0	0	3	3
c241	4	1	0	2	3
c238	3	0	0	3	3
c237	3	1	0	2	3
c219	3	1	0	2	3
c192	4	1	0	2	3
c185	1	0	0	3	3
c18	4	0	0	3	3
c177	1	0	0	3	3

c167	2	0	0	3	3
c157	3	0	0	3	3
c153	3	0	0	3	3
c142	1	0	1	2	3
c134	1	0	0	3	3
c122	1	1	0	2	3
c100	1	0	0	3	3
b74	4	0	0	3	3
b72	4	0	0	3	3
b6	2	0	0	3	3
b200	1	1	0	2	3
b178	1	0	0	3	3
b173	3	1	0	2	3
b149	1	1	0	2	3
b127	1	1	0	2	3
b110	1	0	0	3	3
a93	2	0	0	3	3
a90	3	0	0	3	3
a76	4	0	0	3	3
a50	1	1	0	2	3
a46	2	0	0	3	3
a110	1	0	0	3	3
a106	1	0	0	3	3
y1	4	0	0	2	2
v91	2	0	0	2	2
v74	4	0	0	2	2
v33	1	0	0	2	2
v29	2	0	0	2	2
v121	1	0	0	2	2
v112	1	0	0	2	2
v104	1	0	0	2	2
v1	3	0	0	2	2
t71	1	0	0	2	2
t57	1	0	0	2	2
t35	3	0	0	2	2
s57	4	0	0	2	2
s163	1	0	0	2	2
s119	3	0	0	2	2
s100	3	0	0	2	2
r70	3	0	0	2	2
r57	1	0	0	2	2
r26	4	0	0	2	2
r178	4	0	0	2	2
r154	1	0	0	2	2
r133	1	0	0	2	2
r129	1	0	0	2	2
r125	1	0	0	2	2
r113	4	0	0	2	2
r106	1	0	0	2	2
p83	1	0	0	2	2
p64	1	0	0	2	2
p50	1	0	0	2	2
p24	1	0	0	2	2

p227	3	1	0	1	2
p213	1	0	0	2	2
p211	1	0	0	2	2
p202	1	0	0	2	2
p184	4	0	0	2	2
p168	3	0	1	1	2
p157	1	0	0	2	2
p144	3	0	0	2	2
p128	3	0	0	2	2
p122	3	0	0	2	2
p110	4	1	0	1	2
p103	3	0	0	2	2
p101	3	0	0	2	2
n12	3	0	0	2	2
m84	1	0	0	2	2
m72	4	0	0	2	2
m210	1	0	0	2	2
m165	1	0	0	2	2
m161	4	0	0	2	2
m157	3	0	0	2	2
m155	1	0	0	2	2
m137	4	0	0	2	2
m120	4	0	0	2	2
m112	1	0	0	2	2
m111	1	0	0	2	2
l73	4	0	0	2	2
l57	3	0	0	2	2
l56	3	0	0	2	2
l47	4	0	0	2	2
l41	2	0	0	2	2
l28	2	0	0	2	2
l21	3	0	0	2	2
j48	1	0	0	2	2
j23	3	0	0	2	2
h9	1	0	0	2	2
g60	3	0	0	2	2
g135	1	0	0	2	2
g100	3	0	0	2	2
f84	3	0	0	2	2
f59	2	2	1	6	2
f58	4	0	0	2	2
f49	1	0	0	2	2
f48	1	0	0	2	2
f44	1	0	0	2	2
f36	3	0	0	2	2
f17	3	0	0	2	2
e75	1	0	0	2	2
e36	3	0	0	2	2
e33	1	0	0	2	2
d8	1	0	0	2	2
d16	2	0	0	2	2
d12	1	0	0	2	2
c45	2	0	0	2	2

c36	3	0	0	2	2
c265	3	0	0	2	2
c263	3	0	0	2	2
c259	3	0	0	2	2
c251	2	0	1	1	2
c203	1	0	0	2	2
c199	3	0	0	2	2
c188	2	0	0	2	2
c186	3	0	0	2	2
c170	4	0	0	2	2
c155	1	0	0	2	2
c127	2	0	0	2	2
b9	1	0	0	2	2
b4	2	0	0	2	2
b201	1	0	0	2	2
b17	3	0	0	2	2
b167	2	0	0	2	2
b136	4	0	0	2	2
b128	3	0	0	2	2
b116	4	0	0	2	2
b101	1	0	0	2	2
b1	1	0	0	2	2
a87	3	0	0	2	2
a83	4	0	0	2	2
a26	4	0	0	2	2
a126	1	0	0	2	2
a125	4	0	0	2	2
a1	2	0	0	2	2
v36	3	0	0	1	1
u3	4	0	0	1	1
t2	4	0	0	1	1
s32	3	0	0	1	1
r128	3	0	0	1	1
p134	1	0	0	1	1
m68	1	0	0	1	1
c80	4	0	0	1	1
m91	3	0	0	0	0

Fuente: www.lletrescatalanes.cat *Qui és qui de les lletres catalanes*
Elaboración propia

Anexo 5: Premiados premio nacional de traductores

Alvar Ezquerra, Antonio - 1991
Alvar Ezquerra, Carlos - 1982 - Románicas
Alvarez Ortega, Andrés - 1967
Arbós, Federico - 1988
Bádenas de la Peña, Pedro - 1994
Balseiro, María Luisa - 1989
Balseiro, María Luisa - 1993
Benítez, Esther - 1978 - Románicas
Benítez, Esther - 1992 - Al conjunto de la obra
Berges, Consuelo - 1956
Blanco Freijeiro, Antonio - 1983 - Germánicas
Bravo-Villasante, Carmen - 1975
Carrión Gutiez, Manuel - 1969
Chao Rego, Xosé - 1990 (colectivo)
Continente Ferrer, José Manuel - 1982 - Orientales
Crespo, Ángel - 1984
Crespo, Ángel - 1993 - Al conjunto de la obra
Díaz, P. Martín María - 1990 (colectivo)
Díaz Fernández, José Ramón - 1970
Dolç, Miquel - 1987
Elorduy, Carmelo - 1986
Fernández, Vicente - 1992
Fernández Alonso de Armiño, Mauro - 1971
Fernández Lago, Xosé - 1990 (colectivo)
Fernández Murga, Félix - 1980 - Románicas
Fernández-Luna, Concha - 1963
Ferro Ruibal, Xesús - 1990 (colectivo)
Formosa, Feliu - 1994 - Al conjunto de la obra
Gallego, María Teresa - 1976 (con Isabel Reverte)
Gálvez, Natividad - 1988
García Vilariño, Rosa - 1990 (colectivo)
García Vilariño, Andrés - 1990 (colectivo)
García Gual, Carlos - 1978 - Clásicas
García Sanmartín, Alfonso - 1990 (colectivo)
García Yebra, Valentín - 1998 - Al conjunto de la obra
Gil Fernández, Luis - 1999 - Al conjunto de la obra
Gómez de la Serna, Julio - 1961
González Nuñez, Anxo - 1990 (colectivo)
González Montes, Eduardo - 1990 (colectivo)
Herrero Llorente, Víctor José - 1964
Holgado Redondo, Antonio - 1985
Janés, Clara - 1997 - Al conjunto de la obra
Llardent, José Antonio - 1987 (con Juan Eduardo Zúñiga)
López de Toro, José - 1957
López Morales, Julio - 1958 (con Eduardo Prado Regueiro)
López Muñoz, José Luis - 1980 - Germánicas
Losada, Basilio - 1991
Losada Castiñeiras, Emilio - 1990 (colectivo)
Marías, Javier - 1979 - Germánicas
Masó, Salustiano - 1996 - Al conjunto de la obra
Masoliver, Joan Ramon - 1989- Al conjunto de la obra
Melero, Antonio - 1997

Méndez Herrera, José - 1962
Miguélez Díaz, Xosé Antón - 1990 (colectivo)
Míguez, José Antonio - 1968
Pérez Santalices, Francisco - 1990 (colectivo)
Prado Regueiro, Eduardo - 1958 (con Julio López Morales)
Preciado, Iñaki - 1979 - Orientales
Pujante, Ángel Luis - 1998
Ramírez, Laureano - 1992
Ramírez de Dampierre, Carlos - 1979 - Románicas
Romero, José Antonio - 1996 (con Francisco J. Uriz)
Regal Ledo, Manuel - 1990 (colectivo)
Reverte, Isabel - 1976 (con María Teresa Gallego)
Rodríguez Adrados, Francisco - 1981 - Clásicas
Rodríguez Carballo, Xosé - 1990 (colectivo)
Rodríguez Hérranz, Xoán C. - 1990 (colectivo)
Rodríguez Noriega, Lucía - 1999
Rodríguez Pampín, Xosé M. - 1990 (colectivo)
Romano, David - 1973
Sáenz, Miguel - 1981 - Germánicas
Sáenz, Miguel - 1991 - Al conjunto de la obra
Sánchez Lizarralde, Ramón - 1993
Sánchez Pascual, Andrés - 1995 - Al conjunto de la obra
Salgado Agromarín, Xosé A. - 1990 (colectivo)
Sánchez-Gijón, Ángel - 1974
Solar, Juan José del - 1995
Tobío Fernández, Jesús - 1966
Torres Queiruga, Andrés - 1990 (colectivo)
Uriz, Francisco J. - 1996 (con José Antonio Romero)
Urrutia, Jorge - 1972
Valverde, José María - 1978 - Germánicas
Valverde, José María - 1960
Valverde, José María - 1990 - Al conjunto de la obra
Zúñiga, Juan Eduardo - 1987 (con José Antonio Llardent)

Anexo 6: Ranking de editoriales barcelonesas por títulos editados

Nª	Nombre editorial	Títulos editados	Títulos Editados en1995	Lenguas	Lineas editoriales	Nivel de distribución	Distrito/ Municipio
1	Grupo Planeta.	18640	1224	Cas-cat	1,2,3,4,6	1	02 L'Eixample
2	Plaza & Janés.	11575	439	Cas-cat	1,2,3,4,5	1	02 L'Eixample
3	B.S.A.	11462	763	Cat-cas	1,2,3,4	1,2	02 L' Eixample
4	Círculo de Lectores, S.A.	9088	307	Cas	1,2,3,5	1	02 L' Eixample
5	Salvat Editores, S.A.	8480	302	Cas	1,3,4,5	1	02 L'Eixample
6	Edebé	8173	449	Cas-cat	1,2,5,6	1	05 Sarrià-Sant Gervasi
7	Grupo editorial Grijalbo	7394	289	Cas-cat-euskera-gallego	1,2,3,4,5	1,2,3	02 L'Eixample
8	Grupo 62.	7110	258	Cat-cas	1,3,4,5,6	1	02 L'Eixample
9	Vicens Vives, Libros	5134	141	Cas-cat-gallego	1,2,4,6	1	05 Sarrià-Sant Gervasi
10	Edelvives-Baula	4501	292	___	1,2,6	1,2,3	08 Nou Barris
11	Molino, S.R.C., Editorial	4096	125	Cas-cat	1,2,3,4,6	1,2,3	02 L'Eixample
12	Ceac, S.A.	3727	246	Cas-cat	1,3,4,5,6	2	10 Sant Martí
13	Juventut,S.A.	3726	87	Cas-cat-gallego	1,2,3,4,6	1,2	02 L'Eixample
14	Galera, S.A.	3337	113	Cas-cat-gallego y euskera	1,2,3	2,3	02 L'Eixample
15	Orbis, S.A., Editorial	3321	106	Cas	4	1	04 Les Corts
16	Noguer y Caralt, Editores.	3075	7	Cas-cat-euskera	1,2,3,4,6	2	05 Sarrià-Sant Gervasi
17	Destino, S.A.	2886	4	Cas-cat	1,2,3	2	02 L'Eixample
18	De Vecchi,	2882	222	Cas	3,4,6	1	02 L'Eixample

	Editorial.						
19	Bosch, Casa Ed., S.A.	2815	83	Cas-cat-ing-ale-fran-it-latín-griego	5	1	02 L' Eixample
20	Teide S.A, Editorial	2711	43	Cas-cat	6	1	02 L'Eixample
21	Martínez Roca, S.A.	2649	123	Cas	1,3,5	2,3	02 L'Eixample
22	Timun Mas, S.A.	2498	149	Cas-cat-euskera	1,2	2	10 Sant Martí
23	Ariel, S.A	2460	59	Cat-cas	1,3,6	1	02 L'Eixample
24	Casals, S.A.	2406	84	Cas-cat-gallego y valencià	1,2,6	1	02 L' Eixample
25	Barcanova, S.A.	2226	141	Cat-cas	1,2,3,4,5,6	1	05 Sarrià-Sant Gervasi
26	R.B.A.Editores, S.A.	2205	361	Cas	4	1	06 Gràcia
27	Beascoa, S.A.	2200	106	Cas-cat-euskera y gallego	2	2	01 Ciutat Vella
28	Seix Barral S.A., Editorial	2170	51	___	1	1	02 L'Eixample
29	Paidós Ibérica, S.A	2154	163	Cas	3,4,5	1,2,3	05 Sarrià-Sant Gervasi
30	Herder, S.A.	2117	53	Cas-cat-latín	1,2,4,5,6	2	02 L'Eixample
31	Grupo editorial Columna	2092	231	Cat	1,2	1	02 L' Eixample
32	Folio, S.A.	2076	302	Cas-cat	1,2,3,4,5	2	02 L'Eixample
33	Anagrama, S.A.	2043	82	Cas	1,5	1,2	05 Sarrià-Sant Gervasi
34	Cruïlla, S.A.	1976	108	Cat	1,2,4,6	1	02 L' Eixample
35	Parramón Ediciones, S.A.	1865	25	Cas	1,2,3	2	03 Sants-Montjuïc
36	Enciclopèdia Catalana, S.A.	1851	50	Cat	3,4	1	02 L'Eixample
37	Nauta C., S.A.	1830	91	Cas-cat	1,3,4,5,6	___	04 Les Corts
38	Gustavo Gili, S.A.	1813	37	Cas-inglés	3,5	1,2	02 L'Eixample
39	Masson, S.A.	1596	106	Cas	5	1,2	05 Sarrià-Sant Gervasi
40	Promociones y Publicaciones Universitarias, S.A	1505	193	Cas-cat-ing-fran-ale-griego y latín	1,4,5,6	2	02 L'Eixample
41	Claret, S.A.	1498	67	Cat-cas	1,2,5,6	2	02 L' Eixample
42	Tusquets Editores, S.A.	1462	84	Cas	1,3,5	1,2	05 Sarrià-Sant Gervasi
43	Altaya, S.A.	1429	243	Cas y portug.	1,3,4	1	05 Sarrià-Sant Gervasi
44	Clie, Ed.	1411	43	Cas-cat e inglés	1,2,4,5	___	Terrassa
45	EDHASA	1408	36	Cas	1,4,5	2,3	04 Les Corts
46	Hispano Europea, S.A.	1352	47	Cas	3,5	2,3	05 Sarrià-Sant Gervasi
47	Lumen, S.A., Editorial	1337	46	Cas-cat	1,2,3,4	1,2	05 Sarrià-Sant Gervasi
48	Marcombo, S.A. de Boixareu Editores	1328	43	Cas-cat	3,4,5,6	2	02 L'Eixample
49	Grup Promotor d'ensenyament i difusió en Català	1307	105	Cas-cat	___	2	10 Sant Martí
50	Omega, S.A., Ediciones	1214	37	Cas-cat	1,2,3,4,5,6	2,3	05 Sarrià-Sant Gervasi

51	Reverté, S.A., Editorial	1203	22	Cas-cat	5,6	2	04 Les Corts
52	Proa S.A., Editorial	1198	117	Cat	1,2,3,4,5	___	02 L'Eixample
53	Marín, S.A., Editorial	1183	22	Cas-cat-gallego	1,2,3,4,5	___	04 Les Corts
54	Crítica	1157	51	Cas-cat	4,5,6	1,2,3	02 L' Eixample
55	Astri, S.A.	1120	1	Cas	1,2,3	1	06 Gràcia
56	Editors, S.A.	1113	0	Cat-cas	1,2,3,4	2	09 Sant Andreu
57	Miguel A.Salvatella, S.A.	1102	22	Cas-cat	1,2,6	___	06 Gràcia
58	Sopena, S.A., Editorial Ramón	1051	10	Cas-cat-euskera y principal. Leng.extr	1,2,3,4,5	___	02 L'Eixample
59	Eumo, S.A.	1011	64	Cat	1,2,5,6	2	Vic
60	Oikos-Tau, S.L.	958	24	Cas-cat	1,3,4,5,6	2,3	Vilassar de Mar
61	Obelisco, S.L., Ediciones	939	62	Cas-cat-francés	3,4,5	2,3	10 Sant Martí
62	Edicomunicación,S .A.	936	56	Cas-cat	1,2,3,4	2	08 Nou Barris
63	Magrana, Edicions de la	922	149	Cat	1,2	1	06 Gràcia
64	Baula, Ed.	917	83	Cat	1,2,6	1	03 Sants-Montjuïc
65	Onda, S.A., Editorial	887	33	Cas-cat-inglés	1,2,6	1	02 L'Eixample
66	Lunwerg Editores, S.A.	873	60	Cas-cat-ing-fran-alemán	3,5	1,2	05 Sarrià-Sant Gervasi
67	Gedisa, Ed.	834	31	Cas	3,5		02 L'Eixample
68	Empúries, S.A.	832	44	Cat	1,2	___	05 Sarrià-Sant Gervasi
69	Alpha, S..A.	812	20	Cat-cas.	1,5	1	01 Ciutat Vella
70	Polígrafa, S.A., Ediciones	799	32	Cas-cat-ing-fran-ita-ale y japonés	3	2,3	02 L'Eixample
71	Iberia, S.A.	787	5	Cas	1,3,4	1	05 Sarrià-Sant Gervasi
72	Pòrtic S.A., Editorial	774	7	Cat	1,2,4,5,6	1	02 L'Eixample
73	Institut d'Edicions de la Diputació de Barcelona	724	77	Cat	4,5	1	02 L'Eixample
74	Hymsa Grupo Editorial	713	23	Cas-cat	1,2,4	3	02 L'Eixample
75	Anthropos, Ed.	710	11	Cas-cat	1,4,5	2,3	02 L' Eixample
76	Doyma, S.A.	700	0	Cas-cat-ing	5	1	05 Sarrià-Sant Gervasi
77	Granica, S.A.	686	15	Cat-cas	1,2	2	05 Sarrià-Sant Gervasi
78	Norma Editorial, S.A.	659	41	Cas-cat	1	1,2	02 L'Eixample
79	Selecta-Catalònia,Editorial	656	2	Cat	1,4	1,2	02 L'Eixample
80	Paidotribo, S.L., Editorial	655	52	Cas	3,5,6	1,2	02 L'Eixample
81	Mediterrània, S.L., Editorial	650	61	Cas-cat-ing-francés	1,2,3,5	1,2	05 Sarrià-Sant Gervasi
82	CEDEL, Centro de Est.Naturistas	634	5	Cas	5,6	___	02 L' Eixample
83	Blume/Naturart S.A.	623	0	Cat-cas	1,3,4,5	1,2,3	04 Les Corts

84	Difusión, S.L.	618	20	Ing-ale-fran y cas como lengua extranj.	6	1,2	02 L'Eixample
85	José M. Bosch Editor, S.A.	604	52	Cas-cat	5	1,2	02 L'Eixample
86	Centre de Pastoral Litúrgica	574	36	Cas-cat	5	1,2	01 Ciutat Vella
87	Fundación "La Caixa"	545	33	Cas-cat-ing	5,6	1	01 Ciutat Vella
88	Octaedro, S.L., Ediciones	539	61	Cas-cat	4,5,6	2	02 L'Eixample
89	Icaria, Editorial	528	22	Cas	1,5	2	02 L'Eixample
90	Carroggio, S.A.	527	14	Cas-cat	1,2,3,4,5	1	04 Les Corts
91	Beta Ed., S.A.	521	13	Cas-cat y francés	3,4,5	1	05 Sarrià-Sant Gervasi
92	Urano, S.A., Ediciones	513	25	Cas-cat	1,3	2,3	02 L'Eixample
93	Curial, S.A.	512	33	Cat	1,4,5	2	02 L' Eixample
94	P.A.U., S.L., Ediciones	508	27	___	1,2,4	1	05 Sarrià-Sant Gervasi
95	Castellnou S.L.	506	45	___	6	1	05 Sarrià-Sant Gervasi
96	Ediciones 29	497	11	Cas	1,3	2	05 Sarrià-Sant Gervasi
97	Laertes, S.A., de Ediciones	482	24	Cas-cat	___	2,3	06 Gràcia
98	Hogar del Libro, S.A.	469	0	Cat-cas	1,2,3,5	1	01 Ciutat Vella
99	Cúpula, S.L.	467	24	Cas-fran	1	1,2	01 Ciutat Vella
100	Acervo, S.L.	460	4	Cas.	1,3	2	05 Sarrià-Sant Gervasi
101	Institut de Ciències de l'Educació (UAB)	460	25	Cas-cat	___	1	Bellaterra
102	Robinbook, S.L., Ediciones	458	40	Cas	1,3,5	2	Teià
103	Jims, S.A., Editorial	446	14	Cas-cat-inglés	4,5	2	02 L'Eixample
104	Kairós, S.A. Editorial	440	25	Cas	3,5	1,2	04 Les Corts
105	Quaderns Crema, S.A.	435	22	Cas-cat	1,5	1,2	05 Sarrià-Sant Gervasi
106	Libérica Editores, S.A.	417	44	Cas-cat	1,2,3,6	1,2,3	02 L'Eixample
107	Regina S.A., Editorial	416	0	Cas-cat-inglés	___	___	02 L'Eixample
108	Alas, Ed.	407	9	Cas.	1,3,4	2,3	02 L' Eixample
109	Ultramar Editores, S.A.	407	0	Cas-cat	1,2,3,4	2	09 Sant Andreu
110	E.U.B, S.L.	396	0	Cas-cat	1,3,4,5,6	1	02 L'Eixample
111	Cúpula, Libros	378	23	Cas	3	2	10 Sant Martí
112	Elfos, S.L.	366	19	___	1,2,3,5	1	05 Sarrià-Sant Gervasi
113	Aedos, S..A.	340	2	Cat-cas.	5	1	02 L'Eixample
114	Graó Editorial	340	30	Cat-cas	5	2	09 Sant Andreu
115	Barcino, S.A.	332	4	Cat	1,5,6	1,2	06 Gràcia
116	Euroliber, S.A.	325	4	Cas	3,4,6	___	05 Sarrià-Sant Gervasi
117	Serres, S.L., Ediciones	321	9	Cas	1,3	2	05 Sarrià-Sant Gervasi
118	Testa, S.L.,	319	42	Cas-cat	1,2	1	03 Sants-

	Ediciones						Montjuïc
119	Bayer Hermanos S.A.	316	10	Cat-cas	1,4,5	2	02 L' Eixample
120	Alba, Ed, S.L.	311	15	Cas.	1,2	1	05 Sarrià-Sant Gervasi
121	Serbal, S.A., Ediciones del	292	14	Cas	3,4,5	___	09 Sant Andreu
122	Idea Books, S.A.	289	9	Cas-ing-portug.	1,2,3,4,5	___	02 L'Eixample
123	Alta Fulla Ed.	283	9	Cat-cas.	3,5	2,3	06 Gràcia
124	Distrimapas-Telstar, S.L.	262	6	Cat-cas-ing-ita-fran-ale-hol-árabe y japonés	4	___	02 L'Eixample
125	Minotauro, S.A.	261	13	Cas	1,2,3	2,3	02 L'Eixample
126	Millà, Editorial	256	8	Cas-cat	1	2	01 Ciutat Vella
127	Verón Editores	255	22	Cas	1,2,4	2	05 Sarrià-Sant Gervasi
128	Àmbit Serveis ed, S.A.	250	7	Cat-cas-inglés y francés	1,3,4,5	1,2,3	02 L'Eixample
129	Con-Bel, Ed.Esin, S.A.	250	50	Cas-cat-eus-gallego	1,2	___	02 L' Eixample
130	Ediciones Internacionales Universitarias	247	22	Cas	1,2,5,6	2	05 Sarrià-Sant Gervasi
131	Espaxs, S.A.	243	0	Cas-cat	5	1	02 L'Eixample
132	UPC, S.L., Edicions de la	242	50	Cas-cat	5	1	04 Les Corts
133	Zipeditora, S.L.	240	___	Cas-cat-ing-fran-ale-ita-hol-sueco-noruego-danés	1,2	3	02 L'Eixample
134	Leandro Lara, Editor	239	0	Cas-cat	2	1	08 Nou Barris
135	Ibis, S.A.	232	14	Cas-cat	4,6	2	Sant Boi del Llobregat
136	Institut de Tecnologia de la Construcció	219	21	Cat-cas	4,5	1	10 Sant Martí
137	Pirene Editorial, S.A.	213	11	Cas-cat	1,2,3,5	2	02 L'Eixample
138	Edunsa. Ediciones y distribuciones universitarias	205	10	Cas-cat	3,5,6	2	02 L'Eixample
139	Campana, Ed. La	204	20	Cat	1,5	2	02 L'Eixample
140	Praxis, S.A., Editorial	201	1	Cas	5	1	01 Ciutat Vella
141	Jueves S.A., Ediciones El	195	16	Cas	1	1	05 Sarrià-Sant Gervasi
142	Garriga, S.A.	193	5	Cas	1,2,3,5	1	04 Les Corts
143	Edicromo	192	4	Cas-cat-inglés	2	___	07 Horta-Guinardó
144	Gestión y Planificación, S.A.	187	135	Cas-cat-inglés	5	1	02 L'Eixample
145	Inde	186	9	Cas	5	2	02 L'Eixample
146	Circe ed., S.A.	186	22	Cas	1	1,2	06 Gràcia
147	Centro de Est. Adams, S.A.	183	9	Cat-cas	6	1	02 L' Eixample
148	Científicas y Técnicas, S.A.	175	1	Cas	5	1,2	05 Sarrià-Sant Gervasi
149	Apóstrofe, ed.	173	15	Cas	1,3,5	2,3	02 L' Eixample

150	Biblograf, S.A.	172	16	Cas-cat-ing-fran-ale-it-latín-griego	3,4,6	1	02 L' Eixample
151	S.T.J., Ediciones	172	8	Cas-cat	___	3	05 Sarrià-Sant Gervasi
152	Bellaterra, Ed.	172	6	Cas	4,5	2	10 Sant Martí
153	Sarpe. Onix de Comunicaciones	166	0	Cas	1,2,3,4,6	1	05 Sarrià-Sant Gervasi
154	Pamias, S.L., Editorial	160	0	Cas-cat	5	1,2	02 L'Eixample
155	Instituto Monsa de Ediciones, S.A.	160	6	Cas	3,5	2	Sant Adrià
156	Difusora Internacional S.A.	159	0	Cas	3,4	___	02 L'Eixample
157	Aixernador, Ed.	159	21	Cat-cas.	1,5	1,2	Argentona
158	Riopiedras Ediciones	157	3	Cas	5	2,3	02 L'Eixample
159	Edibook, S.A.	154	0	Cas-cat	1,2,3	1	02 L'Eixample
160	Centro de Tecn.Educativa	154	4	Cas	5,6	1	05 Sarrià-Sant Gervasi
161	Médici, S.L., Ediciones	153	8	Cas-cat	1,3,4,5	1	05 Sarrià-Sant Gervasi
162	Grass , S.A.	150	___	Cat-cas-ita-portug.	5	1	06 Gràcia
163	Dinsic Publicacions Musicals	149	16	Cat-cas-fran-ale-ing	6	1	01 Ciutat Vella
164	Áncora, S.A.	144	0	Cas	5	1	02 L'Eixample
165	Olimpo Ediciones, S.A.	143	6	Cas	1,3	___	05 Sarrià-Sant Gervasi
166	Indigo Ediciones	141	4	Cas	3,5,6	2	02 L'Eixample
167	Sirius	141	6	Cat	1,5	1,2	04 Les Corts
168	Didaco, S.A.	136	27	Cas-ing-fran-por-árabe-ita	4,6	1	05 Sarrià-Sant Gervasi
169	Iru, S.A., Editorial	131	0	Cas-cat-ing-ale-fran-vasco-gallego	1,2,3,5	1	02 L'Eixample
170	Rourich, Editorial	130	0	Cat	1,5	___	San Cugat del Vallés
171	Emecé Editores España, S.A.	120	36	Cas-cat	1,2,3	2,3	02 L'Eixample
172	L.E.D.A. Las Ediciones del Arte	119	0	Cas	3,5	___	05 Sarrià-Sant Gervasi
173	Noray, S.A., Editorial	119	5	Cas-cat	3,5,6	___	05 Sarrià-Sant Gervasi
174	Edika-Med, S.L.	118	6	Cas	5	1	06 Gràcia
175	Springer-Verlag Ibérica, S.A.	117	12	Cas-cat-inglés	5	1,2	02 L'Eixample
176	Acanto , S.A	117	7	Cat-cas.	2,3,4	1,2,3	05 Sarrià-Sant Gervasi
177	Luciérnaga, S.L.	117	13	Cas-cat	5	2,3	05 Sarrià-Sant Gervasi
178	Avenç, S.L.	113	2	Cat	1,5	1	02 L' Eixample
179	Hacer, Editorial	111	5	Cas-cat	1,5	2	01 Ciutat Vella
180	Meseguer, Editor, Sucesor de E.	105	4	Cas	5,6	___	02 L'Eixample

181	Museu Nacional d'Art de Catalunya	103	2	Cas-cat-fran-inglés	3,5	—	03 Sants-Montjuïc
182	Antoni Bosch, S A.	103	2	Cas-cat	5	1,2,3	04 Les Corts
183	Olimpic, S.L., Ediciones	98	0	Cas	1,5	1	05 Sarrià-Sant Gervasi
184	Literatura y Ciencia, S.L.	97	22	Cas	1,5	2	02 L'Eixample
185	Hora, S.A.	97	0	Cat-cas	4	1,2	05 Sarrià-Sant Gervasi
186	Geògraf Salvador Llobet, S.L.	97	3	Cat-cas	4	1	Granollers
187	Aura Comunicación	96	3	Cat-cas	2,3,6	1	05 Sarrià-Sant Gervasi
188	Bahäi, Ed	96	9	Cas-cat-eus-gal	1	—	Terrassa
189	Horsori, Editorial	94	6	Cas-cat	5	2	02 L'Eixample
190	Thassàlia, S.A., Editorial	94	28	Cas-cat	1,4,5	2	05 Sarrià-Sant Gervasi
191	Royal Books, S.L.	93	24	Cas	3,4,5	2,3	05 Sarrià-Sant Gervasi
192	Parsifal Ediciones	92	7	Cat-cas	1,3	2	05 Sarrià-Sant Gervasi
193	Fundació CIDOB	90	10	Cas-cat-ing-fran-árabe	4,5	1	01 Ciutat Vella
194	Hora de Poesía	90	—	Cas-cat-ing-fran-ita-portug.	—	2	06 Gràcia
195	Vidorama, S.A., Ediciones	89	23	Cas	1	2	02 L'Eixample
196	Raima, Edicions	88	15	Cas-cat	1,3	1,2	Moià
197	Montagud Editores, S.A.	87	9	Cas-cat-francés	1,3,5,6	—	02 L'Eixample
198	Instituto Gallach, S.L.	87	0	Cas-cat	1,3,4	—	05 Sarrià-Sant Gervasi
199	Sirmio	84	8	—	1,5	1,2	05 Sarrià-Sant Gervasi
200	Institut d'Estudis Penedencs	81	—	Cat	—	—	Vilanova i la Geltrú
201	Marsig, S.A., Editorial	80	0	Cas-cat-euskera-gallego	1,2	—	09 Sant Andreu
202	Edimurtra, S.A.	75	3	Cat-cas	1,5	—	02 L'Eixample
203	Karma.7, Ediciones	73	5	Cas	1	2	03 Sants-Montjuïc
204	Ateneo, S.L.	72	0	—	5	2	04 Les Corts
205	Puvill Libros, S.A.	69	1	Cas	—	—	10 Sant Martí
206	M.Moleiro Editor, S.A.	68	10	Cas-cat-ing-ita-fran-gallego	3,4	—	05 Sarrià-Sant Gervasi
207	Institut d'Estudis Metropolitans de Barcelona	67	4	Cat-cas	5	1	03 Sants-Montjuïc
208	Àlber, Edicions L'.	67	4	Cat.	6	1	Gurb
209	Amarantos, S.C.P.	65	0	Cat-cas	1	1	02 L' Eixample
210	Flor del Viento Ediciones, S.A.	65	6	Cas-cat	1	1	02 L'Eixample
211	Mainer Til Editores, S.L.	65	28	Cas	1,2,4	—	06 Gràcia
212	Pulso Ediciones, S.A.	63	4	Cas-inglés	4,5	—	San Cugat del Vallés
213	Andamio Publicaciones	59	5	—	5	1	03 Sants-Montjuïc

214	Fama Editores S.L.	59	6	Cas	1,4	—	06 Gràcia
215	Biblioteca de Catalunya	58	1	Cat-cas	4,5	1	01 Ciutat Vella
216	Libros de La Liebre de Marzo Los	57	1	Cas	5,6	1,2	03 Sants-Montjuïc
217	Ronsel Editorial	57	2	Cas	1,5	1,2	07 Horta-Guinardó
218	Baber, S.A.	54	0	Cas-portug. y árabe	4	1	02 L' Eixample
219	Edigol Ed, S.A.	54	3	Cas-cat-eus-gallego-ing-fran-alemán	4	1	Esplugues de Llobregat
220	Barcelonesa d'ed.	52	5	Cat	5	2	06 Gràcia
221	Idiomas, S.L.	50	2	Cas-ing-alemán	6	1	02 L'Eixample
222	Edi-Liber	50	6	—	1,3	1	06 Gràcia
223	Comunicación Gestión y Desarrollo, S.L.	49	0	Cas	6	—	09 Sant Andreu
224	Roure Editorial, S.A., El	48	1	Cas-cat	—	2,3	Esplugues del Llobregat
225	Parcir Edicions Selectes	48	4	Cat-cas	1,3,5	1	Manresa
226	Eixample, S.L.	46	1	Cat-cas	3	2	02 L'Eixample
227	Centro de Est.Prat (CEP)	45	7	Cas	6	1	02 L' Eixample
228	Creaciones Monar, S.A.	44	5	Cas-cat-inglés	1,2	1	06 Gràcia
229	Scriba S.A., Ediciones	42	0	Cas-Cat-ing-fran-portug.	3,5	3	02 L'Eixample
230	Marzo 80, S.A.	42	0	Cas-cat	5	2,3	05 Sarrià-Sant Gervasi
231	Editorial 92, S.A.	40	—	Cat	3	1	10 Sant Martí
232	Tritó	39	13	Cas-cat-inglés	5	1	01 Ciutat Vella
233	Pomares-Corredor, Edic.	39	3	Cas	1,2,5	1,2,3	02 L'Eixample
234	Fontalba, S.A.	38	1	Cas	5	1	06 Gràcia
235	Gea, Ediciones	38	2	Cat-cas	1,3,4,5	1,2	07 Horta-Guinardó
236	Clavell, Ed El	38	3	Cat-cas	1,3,5	1	Premià de Mar
237	Rol, S.A., Ediciones	37	0	Cas-cat	4,5	1,2	05 Sarrià-Sant Gervasi
238	Áltera, S.L.	36	4	—	1	1,2	02 L'Eixample
239	Lynx Edicions	36	4	Cat-cas-ing-francés	3,4,5	1,2	02 L'Eixample
240	Angulo, S.L.	35	1	Cat-cas-gallego y euskera	1,2	1	02 L' Eixample
241	Egales (Editorial Gai y Lesbiana)	34	2	Cas	1,5	1	01 Ciutat Vella
242	SG Editores, S.A.	34	6	Cas	5	1	02 L'Eixample
243	Thema Equipo Editorial, S.A.	32	0	Cas	—	—	02 L'Eixample
244	Altradamun edic.	32	9	Cas.	1,3	1	05 Sarrià-Sant Gervasi
245	Fundació "Roger de Belfort"	32	2	Cat	5	1	05 Sarrià-Sant Gervasi
246	Koiné Edicions	32	12	Cas-cat-euskera-gallego	3,6	—	09 Sant Andreu

247	Editur, Ediciones Turísticas, S.A.	31	6	Cas-cat-ing-ale-it	5	1	04 Les Corts
248	Albada, Ed.	28	5	Cat-cas.	1,3,4,5,6	2	Terrassa
249	Ixia Llibres	25	0	Cas-cat	5	1,2	02 L'Eixample
250	Dictext, S.L.	25	3	Cas-cat	1,4,6	1,2,3	10 Sant Martí
251	Montserrat Mateu Taller Editorial	24	0	Cas-cat-inglés	2,3	1,2	01 Ciutat Vella
252	Ojeda, Ediciones	23	3	Cas	1,5	1	07 Horta-Guinardó
253	Alsina, Ed.	22	2	Cas.	5	___	03 Sants-Montjuïc
254	Turismapa, S.L.	22	21	Cas-ale-fran-ing-ita-hol-jap-cat-árabe-ruso	4	2	10 Sant Martí
255	Francisco Seix, S.L.	21	0	Cas	4	___	06 Gràcia
256	Sendai Ediciones	20	0	Cas	5	2	L'Hospitalet del Llobregat
257	Inforbook's	19	___	Cas	1,5,6	1,2	02 L'Eixample
258	Ider, S.L.	19	1	Cas-cat	1,4,5,6	1	05 Sarrià-Sant Gervasi
259	Vilalta Edicions	16	2	Cat	4	1,2	02 L'Eixample
260	Memoria, Editorial	16	1	Cas-cat	1,3,5	2	Mataró
261	Intress-Instituto de Trabajo Social	15	1	Cas-cat	5	1,2	01 Ciutat Vella
262	Natura, Entitat de Medi Ambient	15	4	Cat	3,5	1	Argentona
263	Disseny Editorial de Catalunya, S.L.	14	1	Cat	6	1	07 Horta-Guinardó
264	Music Distribución, S.A.	14	0	Cas-cat	5	1	L'Hospitalet del Llobregat
265	Media, Ediciones	14	10	Cat-cas	5,6	1,2	San Cugat del Vallés
266	Duplex Creativos, S.A.	13	0	Cas-cat y gallego	1,5	___	01 Ciutat Vella
267	M.J.Bosch, S.L.	11	3	Cas	5	1,3	02 L'Eixample
268	Magarrufa, Editorial	10	10	Cat-cas	1,2	1	Cabrera de Mar
269	Consell Comarcal del Vallès occ.	10	2	Cat-cas	3,5	2	Terrassa
270	Fundació Jaume Callís	9	0	Cas-cat	4	1,2	02 L'Eixample
271	Clip, S.A.	9	0	Cas	1,3	___	05 Sarrià-Sant Gervasi
272	Media Deporte Comunicación	8	8	Cas-fran-inglés	3	___	02 L'Eixample
273	Difusora de Normas Jurídicas	8	0	Cas-cat	5	1	10 Sant Martí
274	Futura Ediciones, S.C.C.L	7	3	Cas	5	2	02 L'Eixample
275	UAB. Servei de Publicacions	6	0	___	5	1,2	Bellaterra
276	Tenora Edicions Musicals, S.L.	5	3	___	5	1	01 Ciutat Vella
277	Protusa-Art Divino	5	1	Cas	___	___	02 L'Eixample
278	Who's Who in Spain, S.A.	5	___	Inglés	___	1	05 Sarrià-Sant Gervasi
279	Assimil España, S.L.	4	0	Cas-franc-ing-ale-hol y italiano	6	2,3	02 L'Eixample
280	INEHCA	4	2	Cas-cat	5	2	02 L'Eixample

281	Text, S.A., Editorial	4	1	Cas-cat-inglés	4,5	1	04 Les Corts
282	Flash Books, S.L.	4	4	Cas	1,3,5,6	2,3	05 Sarrià-Sant Gervasi
283	UB.Publicacions de la	3	0	Cas-cat	5	1,2	02 L'Eixample
284	Palau & Dulcet, Editorial	3	3	Cas	4	—	06 Gràcia
285	Etu Ediciones, S.L.	3	2	Cas	—	1,2,3	09 Sant Andreu
286	Cooking Books	3	2	Cas-inglés	5	2	Cabrils
287	Estelar, S.L.	2	0	Cas-inglés	3	—	02 L'Eixample
288	Pena-Millet, Editors	2	0	Cas	—	1,2	02 L'Eixample
289	Balaam	1	1	Cat-cas-inglés y alemán	5	1	01 Ciutat Vella
290	Abadia de Montserrat, S.A.	1	0	Cat-cas.	—	1	02 L' Eixample
291	BSI Multimedia, S.L.	1	0	Cas-cat e inglés	3	1	10 Sant Martí
292	Alferal, S.L.	0	0	—	—	1	Sant Cugat del Vallés

Anexo 7: Editoriales barcelonesas por líneas editoriales

1. Literatura general: Incluye literatura juvenil, cómics, libros de venta por correo, artículos periodísticos de actualidad y libros de ciencia-ficción.
2. Literatura infantil: Línea editorial destinada a público infantil. Incluye recortables, troquelados, etc.
3. Divulgación: Libros ilustrados y todos aquellos destinados a la divulgación.
4. Enciclopedias y obras de consulta: Cartografía, bibliografías, fascículos.
5. Libro académico: Humanidades y ciencias sociales, bellas artes, libros religiosos, de arte, música impresa, etc. Línea editorial destinada a un público concreto y especializado.
6. Libro escolar: Todos los libros de texto y libros relacionados con la enseñanza, sean de idiomas o enseñanzas especiales.

Nª	Nombre editorial	Títulos editados	Títulos Editados en1995	Lenguas	Lineas editoriales	Nivel de distribución	Distrito/ Municipio
20	Teide S.A, Editorial	2711	43	Cas-cat	6	1	02 L'Eixample
84	Difusión, S.L.	618	20	Ing-ale-fran y cas como lengua extranj.	6	1,2	02 L'Eixample
95	Castellnou S.L.	506	45	—	6	1	05 Sarrià-Sant Gervasi
147	Centro de Est. Adams, S.A.	183	9	Cat-cas	6	1	02 L' Eixample
163	Dinsic Publicacions Musicals	149	16	Cat-cas-fran-ale-ing	6	1	01 Ciutat Vella
208	Àlber, Edicions L'.	67	4	Cat.	6	1	Gurb
221	Idiomas, S.L.	50	2	Cas-ing-alemán	6	1	02 L'Eixample
223	Comunicación	49	0	Cas	6	—	09 Sant Andreu

	Gestión y Desarrollo, S.L.						
227	Centro de Est.Prat (CEP)	45	7	Cas	6	1	02 L' Eixample
263	Disseny Editorial de Catalunya, S.L.	14	1	Cat	6	1	07 Horta-Guinardó
279	Assimil España, S.L.	4	0	Cas-franc-ing-ale-hol y italiano	6	2,3	02 L'Eixample
51	Reverté, S.A., Editorial	1203	22	Cas-cat	5,6	2	04 Les Corts
82	CEDEL, Centro de Est.Naturistas	634	5	Cas	5,6	___	02 L' Eixample
87	Fundación "La Caixa"	545	33	Cas-cat-ing	5,6	1	01 Ciutat Vella
160	Centro de Tecn.Educativa	154	4	Cas	5,6	1	05 Sarrià-Sant Gervasi
180	Meseguer, Editor, Sucesor de E.	105	4	Cas	5,6	___	02 L'Eixample
216	Libros de La Liebre de Marzo Los	57	1	Cas	5,6	1,2	03 Sants-Montjuïc
265	Media, Ediciones	14	10	Cat-cas	5,6	1,2	San Cugat del Vallés
19	Bosch, Casa Ed., S.A.	2815	83	Cas-cat-ing-ale-fran-it-latín-griego	5	1	02 L' Eixample
39	Masson, S.A.	1596	106	Cas	5	1,2	05 Sarrià-Sant Gervasi
76	Doyma, S.A.	700	0	Cas-cat-ing	5	1	05 Sarrià-Sant Gervasi
85	José M. Bosch Editor, S.A.	604	52	Cas-cat	5	1,2	02 L'Eixample
86	Centre de Pastoral Litúrgica	574	36	Cas-cat	5	1,2	01 Ciutat Vella
113	Aedos, S..A.	340	2	Cat-cas.	5	1	02 L'Eixample
114	Graó Editorial	340	30	Cat-cas	5	2	09 Sant Andreu
131	Espaxs, S.A.	243	0	Cas-cat	5	1	02 L'Eixample
132	UPC, S.L., Edicions de la	242	50	Cas-cat	5	1	04 Les Corts
140	Praxis, S.A., Editorial	201	1	Cas	5	1	01 Ciutat Vella
144	Gestión y Planificación, S.A.	187	135	Cas-cat-inglés	5	1	02 L'Eixample
145	Inde	186	9	Cas	5	2	02 L'Eixample
148	Científicas y Técnicas, S.A.	175	1	Cas	5	1,2	05 Sarrià-Sant Gervasi
154	Pamias, S.L., Editorial	160	0	Cas-cat	5	1,2	02 L'Eixample
158	Riopiedras Ediciones	157	3	Cas	5	2,3	02 L'Eixample
162	Grass , S.A.	150	___	Cat-cas-ita-portug.	5	1	06 Gràcia
164	Áncora, S.A.	144	0	Cas	5	1	02 L'Eixample
174	Edika-Med, S.L.	118	6	Cas	5	1	06 Gràcia
175	Springer-Verlag Ibérica, S.A.	117	12	Cas-cat-inglés	5	1,2	02 L'Eixample
177	Luciérnaga, S.L.	117	13	Cas-cat	5	2,3	05 Sarrià-Sant Gervasi
182	Antoni Bosch, S A.	103	2	Cas-cat	5	1,2,3	04 Les Corts
189	Horsori, Editorial	94	6	Cas-cat	5	2	02 L'Eixample
204	Ateneo, S.L.	72	0	___	5	2	04 Les Corts

207	Institut d'Estudis Metropolitans de Barcelona	67	4	Cat-cas	5	1	03 Sants-Montjuïc
213	Andamio Publicaciones	59	5	—	5	1	03 Sants-Montjuïc
220	Barcelonesa d'ed.	52	5	Cat	5	2	06 Gràcia
230	Marzo 80, S.A.	42	0	Cas-cat	5	2,3	05 Sarrià-Sant Gervasi
232	Tritó	39	13	Cas-cat-inglés	5	1	01 Ciutat Vella
234	Fontalba, S.A.	38	1	Cas	5	1	06 Gràcia
242	SG Editores, S.A.	34	6	Cas	5	1	02 L'Eixample
245	Fundació "Roger de Belfort"	32	2	Cat	5	1	05 Sarrià-Sant Gervasi
247	Editur, Ediciones Turísticas, S.A.	31	6	Cas-cat-ing-ale-it	5	1	04 Les Corts
249	Ixia Llibres	25	0	Cas-cat	5	1,2	02 L'Eixample
253	Alsina, Ed.	22	2	Cas.	5	—	03 Sants-Montjuïc
256	Sendai Ediciones	20	0	Cas	5	2	L'Hospitalet del Llobregat
261	Intress-Instituto de Trabajo Social	15	1	Cas-cat	5	1,2	01 Ciutat Vella
264	Music Distribución, S.A.	14	0	Cas-cat	5	1	L'Hospitalet del Llobregat
267	M.J.Bosch, S.L.	11	3	Cas	5	1,3	02 L'Eixample
273	Difusora de Normas Jurídicas	8	0	Cas-cat	5	1	10 Sant Martí
274	Futura Ediciones, S.C.C.L	7	3	Cas	5	2	02 L'Eixample
275	UAB. Servei de Publicacions	6	0	—	5	1,2	Bellaterra
276	Tenora Edicions Musicals, S.L.	5	3	—	5	1	01 Ciutat Vella
280	INEHCA	4	2	Cas-cat	5	2	02 L'Eixample
283	UB.Publicacions de la	3	0	Cas-cat	5	1,2	02 L'Eixample
286	Cooking Books	3	2	Cas-inglés	5	2	Cabrils
289	Balaam	1	1	Cat-cas-inglés y alemán	5	1	01 Ciutat Vella
135	Ibis, S.A.	232	14	Cas-cat	4,6	2	Sant Boi del Llobregat
168	Didaco, S.A.	136	27	Cas-ing-fran-por-árabe-ita	4,6	1	05 Sarrià-Sant Gervasi
54	Crítica	1157	51	Cas-cat	4,5,6	1,2,3	02 L' Eixample
88	Octaedro, S.L., Ediciones	539	61	Cas-cat	4,5,6	2	02 L'Eixample
73	Institut d'Edicions de la Diputació de Barcelona	724	77	Cat	4,5	1	02 L'Eixample
103	Jims, S.A., Editorial	446	14	Cas-cat-inglés	4,5	2	02 L'Eixample
136	Institut de Tecnologia de la Construcció	219	21	Cat-cas	4,5	1	10 Sant Martí
152	Bellaterra, Ed.	172	6	Cas	4,5	2	10 Sant Martí
193	Fundació CIDOB	90	10	Cas-cat-ing-fran-árabe	4,5	1	01 Ciutat Vella
212	Pulso Ediciones, S.A.	63	4	Cas-inglés	4,5	—	San Cugat del Vallés
215	Biblioteca de	58	1	Cat-cas	4,5	1	01 Ciutat Vella

	Catalunya					
237	Rol, S.A., Ediciones	37	0	Cas-cat	4,5	1,2	05 Sarrià-Sant Gervasi
281	Text, S.A., Editorial	4	1	Cas-cat-inglés	4,5	1	04 Les Corts
15	Orbis, S.A., Editorial	3321	106	Cas	4	1	04 Les Corts
26	R.B.A.Editores, S.A.	2205	361	Cas	4	1	06 Gràcia
124	Distrimapas-Telstar, S.L.	262	6	Cat-cas-ing-ita-fran-ale-hol-árabe y japonés	4	___	02 L'Eixample
185	Hora, S.A.	97	0	Cat-cas	4	1,2	05 Sarrià-Sant Gervasi
186	Geògraf Salvador Llobet, S.L.	97	3	Cat-cas	4	1	Granollers
218	Baber, S.A.	54	0	Cas-portug. y árabe	4	1	02 L' Eixample
219	Edigol Ed, S.A.	54	3	Cas-cat-eus-gallego-ing-fran-alemán	4	1	Esplugues de Llobregat
254	Turismapa, S.L.	22	21	Cas-ale-fran-ing-ita-hol-jap-cat-árabe-ruso	4	2	10 Sant Martí
255	Francisco Seix, S.L.	21	0	Cas	4	___	06 Gràcia
259	Vilalta Edicions	16	2	Cat	4	1,2	02 L'Eixample
270	Fundació Jaume Callís	9	0	Cas-cat	4	1,2	02 L'Eixample
284	Palau & Dulcet, Editorial	3	3	Cas	4	___	06 Gràcia
246	Koiné Edicions	32	12	Cas-cat-euskera-gallego	3,6	___	09 Sant Andreu
80	Paidotribo, S.L., Editorial	655	52	Cas	3,5,6	1,2	02 L'Eixample
138	Edunsa. Ediciones y distribuciones universitarias	205	10	Cas-cat	3,5,6	2	02 L'Eixample
166	Indigo Edicions	141	4	Cas	3,5,6	2	02 L'Eixample
173	Noray, S.A., Editorial	119	5	Cas-cat	3,5,6	___	05 Sarrià-Sant Gervasi
38	Gustavo Gili, S.A.	1813	37	Cas-inglés	3,5	1,2	02 L'Eixample
46	Hispano Europea, S.A.	1352	47	Cas	3,5	2,3	05 Sarrià-Sant Gervasi
66	Lunwerg Editores, S.A.	873	60	Cas-cat-ing-fran-alemán	3,5	1,2	05 Sarrià-Sant Gervasi
67	Gedisa, Ed.	834	31	Cas	3,5	1	02 L'Eixample
104	Kairós, S.A. Editorial	440	25	Cas	3,5	1,2	04 Les Corts
123	Alta Fulla Ed.	283	9	Cat-cas.	3,5	2,3	06 Gràcia
155	Instituto Monsa de Ediciones, S.A.	160	6	Cas	3,5	2	Sant Adrià
172	L.E.D.A. Las Ediciones del Arte	119	0	Cas	3,5	___	05 Sarrià-Sant Gervasi
181	Museu Nacional d'Art de Catalunya	103	2	Cas-cat-fran-inglés	3,5	___	03 Sants-Montjuïc
229	Scriba S.A., Ediciones	42	0	Cas-Cat-ing-fran-	3,5	3	02 L'Eixample

				portug.			
262	Natura, Entitat de Medi Ambient	15	4	Cat	3,5	1	Argentona
269	Consell Comarcal del Vallès occ.	10	2	Cat-cas	3,5	2	Terrassa
18	De Vecchi, Editorial.	2882	222	Cas	3,4,6	1	02 L'Eixample
116	Euroliber, S.A.	325	4	Cas	3,4,6	___	05 Sarrià-Sant Gervasi
150	Biblograf, S.A.	172	16	Cas-cat-ing-fran-ale-it-latín-griego	3,4,6	1	02 L' Eixample
48	Marcombo, S.A. de Boixareu Editores	1328	43	Cas-cat	3,4,5,6	2	02 L'Eixample
29	Paidós Ibérica, S.A	2154	163	Cas	3,4,5	1,2,3	05 Sarrià-Sant Gervasi
61	Obelisco, S.L., Ediciones	939	62	Cas-cat-francés	3,4,5	2,3	10 Sant Martí
91	Beta Ed., S.A.	521	13	Cas-cat y francés	3,4,5	1	05 Sarrià-Sant Gervasi
121	Serbal, S.A., Ediciones del	292	14	Cas	3,4,5	___	09 Sant Andreu
191	Royal Books, S.L.	93	24	Cas	3,4,5	2,3	05 Sarrià-Sant Gervasi
239	Lynx Edicions	36	4	Cat-cas-ing-francés	3,4,5	1,2	02 L'Eixample
36	Enciclopèdia Catalana, S.A.	1851	50	Cat	3,4	1	02 L'Eixample
156	Difusora Internacional S.A.	159	0	Cas	3,4	___	02 L'Eixample
206	M.Moleiro Editor, S.A.	68	10	Cas-cat-ing-ita-fran-gallego	3,4	___	05 Sarrià-Sant Gervasi
70	Polígrafa, S.A., Ediciones	799	32	Cas-cat-ing-fran-ita-ale y japonés	3	2,3	02 L'Eixample
111	Cúpula, Libros	378	23	Cas	3	2	10 Sant Martí
226	Eixample, S.L.	46	1	Cat-cas	3	2	02 L'Eixample
231	Editorial 92, S.A.	40	___	Cat	3	1	10 Sant Martí
272	Media Deporte Comunicación	8	8	Cas-fran-inglés	3	___	02 L'Eixample
287	Estelar, S.L.	2	0	Cas-inglés	3	___	02 L'Eixample
291	BSI Multimedia, S.L.	1	0	Cas-cat e inglés	3	1	10 Sant Martí
187	Aura Comunicación	96	3	Cat-cas	2,3,6	1	05 Sarrià-Sant Gervasi
176	Acanto , S.A	117	7	Cat-cas.	2,3,4	1,2,3	05 Sarrià-Sant Gervasi
251	Montserrat Mateu Taller Editorial	24	0	Cas-cat-inglés	2,3	1,2	01 Ciutat Vella
27	Beascoa, S.A.	2200	106	Cas-cat-euskera y gallego	2	2	01 Ciutat Vella
134	Leandro Lara, Editor	239	0	Cas-cat	2	1	08 Nou Barris
143	Edicromo	192	4	Cas-cat-inglés	2	___	07 Horta-Guinardó
115	Barcino, S.A.	332	4	Cat	1,5,6	1,2	06 Gràcia
257	Inforbook's	19	___	Cas	1,5,6	1,2	02 L'Eixample
33	Anagrama, S.A.	2043	82	Cas	1,5	1,2	05 Sarrià-Sant Gervasi

69	Alpha, S..A.	812	20	Cat-cas.	1,5	1	01 Ciutat Vella
89	Icaria, Editorial	528	22	Cas	1,5	2	02 L'Eixample
105	Quaderns Crema, S.A.	435	22	Cas-cat	1,5	1,2	05 Sarrià-Sant Gervasi
139	Campana, Ed. La	204	20	Cat	1,5	2	02 L'Eixample
157	Aixernador, Ed.	159	21	Cat-cas.	1,5	1,2	Argentona
167	Sirius	141	6	Cat	1,5	1,2	04 Les Corts
170	Rourich, Editorial	130	0	Cat	1,5	—	San Cugat del Vallés
178	Avenç, S.L.	113	2	Cat	1,5	1	02 L' Eixample
179	Hacer, Editorial	111	5	Cas-cat	1,5	2	01 Ciutat Vella
183	Olimpic, S.L., Ediciones	98	0	Cas	1,5	1	05 Sarrià-Sant Gervasi
184	Literatura y Ciencia, S.L.	97	22	Cas	1,5	2	02 L'Eixample
199	Sirmio	84	8	—	1,5	1,2	05 Sarrià-Sant Gervasi
202	Edimurtra, S.A.	75	3	Cat-cas	1,5	—	02 L'Eixample
217	Ronsel Editorial	57	2	Cas	1,5	1,2	07 Horta-Guinardó
241	Egales (Editorial Gai y Lesbiana)	34	2	Cas	1,5	1	01 Ciutat Vella
252	Ojeda, Ediciones	23	3	Cas	1,5	1	07 Horta-Guinardó
266	Duplex Creativos, S.A.	13	0	Cas-cat y gallego	1,5	—	01 Ciutat Vella
250	Dictext, S.L.	25	3	Cas-cat	1,4,6	1,2,3	10 Sant Martí
40	Promociones y Publicaciones Universitarias, S.A	1505	193	Cas-cat-ing-fran-ale-griego y latín	1,4,5,6	2	02 L'Eixample
258	Ider, S.L.	19	1	Cas-cat	1,4,5,6	1	05 Sarrià-Sant Gervasi
45	EDHASA	1408	36	Cas	1,4,5	2,3	04 Les Corts
75	Anthropos, Ed.	710	11	Cas-cat	1,4,5	2,3	02 L' Eixample
93	Curial, S.A.	512	33	Cat	1,4,5	2	02 L' Eixample
119	Bayer Hermanos S.A.	316	10	Cat-cas	1,4,5	2	02 L' Eixample
190	Thassàlia, S.A., Editorial	94	28	Cas-cat	1,4,5	2	05 Sarrià-Sant Gervasi
79	Selecta-Catalònia,Editorial	656	2	Cat	1,4	1,2	02 L'Eixample
214	Fama Editores S.L.	59	6	Cas	1,4	—	06 Gràcia
23	Ariel, S.A	2460	59	Cat-cas	1,3,6	1	02 L'Eixample
197	Montagud Editores, S.A.	87	9	Cas-cat-francés	1,3,5,6	—	02 L'Eixample
282	Flash Books, S.L.	4	4	Cas	1,3,5,6	2,3	05 Sarrià-Sant Gervasi
21	Martínez Roca, S.A.	2649	123	Cas	1,3,5	2,3	02 L'Eixample
42	Tusquets Editores, S.A.	1462	84	Cas	1,3,5	1,2	05 Sarrià-Sant Gervasi
102	Robinbook, S.L., Ediciones	458	40	Cas	1,3,5	2	Teià
149	Apóstrofe, ed.	173	15	Cas	1,3,5	2,3	02 L' Eixample
225	Parcir Edicions Selectes	48	4	Cat-cas	1,3,5	1	Manresa

236	Clavell, Ed El	38	3	Cat-cas	1,3,5	1	Premià de Mar
260	Memoria, Editorial	16	1	Cas-cat	1,3,5	2	Mataró
8	Grupo 62.	7110	258	Cat-cas	1,3,4,5,6	1	02 L'Eixample
12	Ceac, S.A.	3727	246	Cas-cat	1,3,4,5,6	2	10 Sant Martí
37	Nauta C., S.A.	1830	91	Cas-cat	1,3,4,5,6	___	04 Les Corts
60	Oikos-Tau, S.L.	958	24	Cas-cat	1,3,4,5,6	2,3	Vilassar de Mar
110	E.U.B, S.L.	396	0	Cas-cat	1,3,4,5,6	1	02 L'Eixample
248	Albada, Ed.	28	5	Cat-cas.	1,3,4,5,6	2	Terrassa
5	Salvat Editores, S.A.	8480	302	Cas	1,3,4,5	1	02 L'Eixample
83	Blume/Naturart S.A.	623	0	Cat-cas	1,3,4,5	1,2,3	04 Les Corts
128	Àmbit Serveis ed, S.A.	250	7	Cat-cas-inglés y francés	1,3,4,5	1,2,3	02 L'Eixample
161	Médici, S.L., Ediciones	153	8	Cas-cat	1,3,4,5	1	05 Sarrià-Sant Gervasi
235	Gea, Ediciones	38	2	Cat-cas	1,3,4,5	1,2	07 Horta-Guinardó
43	Altaya, S.A.	1429	243	Cas y portug.	1,3,4	1	05 Sarrià-Sant Gervasi
71	Iberia, S.A.	787	5	Cas	1,3,4	1	05 Sarrià-Sant Gervasi
108	Alas, Ed.	407	9	Cas.	1,3,4	2,3	02 L' Eixample
198	Instituto Gallach, S.L.	87	0	Cas-cat	1,3,4	___	05 Sarrià-Sant Gervasi
92	Urano, S.A., Ediciones	513	25	Cas-cat	1,3	2,3	02 L'Eixample
96	Ediciones 29	497	11	Cas	1,3	2	05 Sarrià-Sant Gervasi
100	Acervo, S.L.	460	4	Cas.	1,3	2	05 Sarrià-Sant Gervasi
117	Serres, S.L., Ediciones	321	9	Cas	1,3	2	05 Sarrià-Sant Gervasi
165	Olimpo Ediciones, S.A.	143	6	Cas	1,3	___	05 Sarrià-Sant Gervasi
192	Parsifal Ediciones	92	7	Cat-cas	1,3	2	05 Sarrià-Sant Gervasi
196	Raima, Edicions	88	15	Cas-cat	1,3	1,2	Moià
222	Edi-Liber	50	6	___	1,3	1	06 Gràcia
244	Altradamun edic.	32	9	Cas.	1,3	1	05 Sarrià-Sant Gervasi
271	Clip, S.A.	9	0	Cas	1,3	___	05 Sarrià-Sant Gervasi
10	Edelvives-Baula	4501	292	___	1,2,6	1	08 Nou Barris
24	Casals, S.A.	2406	84	Cas-cat-gallego y valencià	1,2,6	1	02 L' Eixample
57	Miguel A.Salvatella, S.A.	1102	22	Cas-cat	1,2,6	___	06 Gràcia
64	Baula, Ed.	917	83	Cat	1,2,6	1	03 Sants-Montjuïc
65	Onda, S.A., Editorial	887	33	Cas-cat-inglés	1,2,6	1	02 L'Eixample
6	Edebé	8173	449	Cas-cat	1,2,5,6	1	05 Sarrià-Sant Gervasi
41	Claret, S.A.	1498	67	Cat-cas	1,2,5,6	2	02 L' Eixample
59	Eumo, S.A.	1011	64	Cat	1,2,5,6	2	Vic

130	Ediciones Internacionales Universitarias	247	22	Cas	1,2,5,6	2	05 Sarrià-Sant Gervasi
233	Pomares-Corredor, Edic.	39	3	Cas	1,2,5	1,2,3	02 L'Eixample
9	Vicens Vives, Libros	5134	141	Cas-cat-gallego	1,2,4,6	1	05 Sarrià-Sant Gervasi
34	Cruïlla, S.A.	1976	108	Cat	1,2,4,6	1	02 L' Eixample
30	Herder, S.A.	2117	53	Cas-cat-latín	1,2,4,5,6	2	02 L'Eixample
72	Pòrtic S.A., Editorial	774	7	Cat	1,2,4,5,6	1	02 L'Eixample
44	Clie, Ed.	1411	43	Cas-cat e inglés	1,2,4,5	___	Terrassa
74	Hymsa Grupo Editorial	713	23	Cas-cat	1,2,4	3	02 L'Eixample
94	P.A.U., S.L., Ediciones	508	27	___	1,2,4	1	05 Sarrià-Sant Gervasi
127	Verón Editores	255	22	Cas	1,2,4	2	05 Sarrià-Sant Gervasi
211	Mainer Til Editores, S.L.	65	28	Cas	1,2,4	___	06 Gràcia
106	Libérica Editores, S.A.	417	44	Cas-cat	1,2,3,6	1,2,3	02 L'Eixample
4	Círculo de Lectores, S.A.	9088	307	Cas	1,2,3,5	1	02 L' Eixample
81	Mediterrània, S.L., Editorial	650	61	Cas-cat-ing-francés	1,2,3,5	1,2	05 Sarrià-Sant Gervasi
98	Hogar del Libro, S.A.	469	0	Cat-cas	1,2,3,5	1	01 Ciutat Vella
112	Elfos, S.L.	366	19	___	1,2,3,5	1	05 Sarrià-Sant Gervasi
137	Pirene Editorial, S.A.	213	11	Cas-cat	1,2,3,5	2	02 L'Eixample
142	Garriga, S.A.	193	5	Cas	1,2,3,5	1	04 Les Corts
169	Iru, S.A., Editorial	131	0	Cas-cat-ing-ale-fran-vasco-gallego	1,2,3,5	1	02 L'Eixample
1	Grupo Planeta.	18640	1224	Cas-cat	1,2,3,4,6	1	02 L'Eixample
11	Molino, S.R.C., Editorial	4096	125	Cas-cat	1,2,3,4,6	1,2,3	02 L'Eixample
13	Juventut,S.A.	3726	87	Cas-cat-gallego	1,2,3,4,6	1,2	02 L'Eixample
16	Noguer y Caralt, Editores.	3075	7	Cas-cat-euskera	1,2,3,4,6	2	05 Sarrià-Sant Gervasi
153	Sarpe. Onix de Comunicaciones	166	0	Cas	1,2,3,4,6	1	05 Sarrià-Sant Gervasi
25	Barcanova, S.A.	2226	141	Cat-cas	1,2,3,4,5,6	1	05 Sarrià-Sant Gervasi
50	Omega, S.A., Ediciones	1214	37	Cas-cat	1,2,3,4,5,6	2,3	05 Sarrià-Sant Gervasi
2	Plaza & Janés.	11575	439	Cas-cat	1,2,3,4,5	1	02 L'Eixample
7	Grupo editorial Grijalbo	7394	289	Cas-cat-euskera-gallego	1,2,3,4,5	1,2,3	02 L'Eixample
32	Folio, S.A.	2076	302	Cas-cat	1,2,3,4,5	2	02 L'Eixample
52	Proa S.A., Editorial	1198	117	Cat	1,2,3,4,5	___	02 L'Eixample
53	Marín, S.A., Editorial	1183	22	Cas-cat-gallego	1,2,3,4,5	___	04 Les Corts
58	Sopena, S.A., Editorial Ramón	1051	10	Cas-cat-euskera y principal. Leng.extr	1,2,3,4,5	___	02 L'Eixample
90	Carroggio, S.A.	527	14	Cas-cat	1,2,3,4,5	1	04 Les Corts

122	Idea Books, S.A.	289	9	Cas-ing-portug.	1,2,3,4,5	—	02 L'Eixample
3	B.S.A.	11462	763	Cat-cas	1,2,3,4	1,2	02 L' Eixample
47	Lumen, S.A., Editorial	1337	46	Cas-cat	1,2,3,4	1,2	05 Sarrià-Sant Gervasi
56	Editors, S.A.	1113	0	Cat-cas	1,2,3,4	2	09 Sant Andreu
62	Edicomunicación,S.A.	936	56	Cas-cat	1,2,3,4	2	08 Nou Barris
109	Ultramar Editores, S.A.	407	0	Cas-cat	1,2,3,4	2	09 Sant Andreu
14	Galera, S.A.	3337	113	Cas-cat-gallego y euskera	1,2,3	2,3	02 L'Eixample
17	Destino, S.A.	2886	4	Cas-cat	1,2,3	2	02 L'Eixample
35	Parramón Ediciones, S.A.	1865	25	Cas	1,2,3	2	03 Sants-Montjuïc
55	Astri, S.A.	1120	1	Cas	1,2,3	1	06 Gràcia
125	Minotauro, S.A.	261	13	Cas	1,2,3	2,3	02 L'Eixample
159	Edibook, S.A.	154	0	Cas-cat	1,2,3	1	02 L'Eixample
171	Emecé Editores España, S.A.	120	36	Cas-cat	1,2,3	2,3	02 L'Eixample
22	Timun Mas, S.A.	2498	149	Cas-cat-euskera	1,2	2	10 Sant Martí
31	Grupo editorial Columna	2092	231	Cat	1,2	1	02 L' Eixample
63	Magrana, Edicions de la	922	149	Cat	1,2	1	06 Gràcia
68	Empúries, S.A.	832	44	Cat	1,2	—	05 Sarrià-Sant Gervasi
77	Granica, S.A.	686	15	Cat-cas	1,2	2	05 Sarrià-Sant Gervasi
118	Testa, S.L., Ediciones	319	42	Cas-cat	1,2	1	03 Sants-Montjuïc
120	Alba, Ed, S.L.	311	15	Cas.	1,2	1	05 Sarrià-Sant Gervasi
129	Con-Bel, Ed.Esin, S.A.	250	50	Cas-cat-eus-gallego	1,2	—	02 L' Eixample
133	Zipeditora, S.L.	240	—	Cas-cat-ing-fran-ale-ita-hol-sueco-noruego-danés	1,2	3	02 L'Eixample
201	Marsig, S.A., Editorial	80	0	Cas-cat-euskera-gallego	1,2	—	09 Sant Andreu
228	Creaciones Monar, S.A.	44	5	Cas-cat-inglés	1,2	1	06 Gràcia
240	Angulo, S.L.	35	1	Cat-cas-gallego y euskera	1,2	1	02 L' Eixample
268	Magarrufa, Editorial	10	10	Cat-cas	1,2	1	Cabrera de Mar
28	Seix Barral S.A., Editorial	2170	51	—	1	1	02 L'Eixample
78	Norma Editorial, S.A.	659	41	Cas-cat	1	1,2	02 L'Eixample
99	Cúpula, S.L.	467	24	Cas-fran	1	1,2	01 Ciutat Vella
126	Millà, Editorial	256	8	Cas-cat	1	2	01 Ciutat Vella
141	Jueves S.A., Ediciones El	195	16	Cas	1	1	05 Sarrià-Sant Gervasi
146	Circe ed., S.A.	186	22	Cas	1	1,2	06 Gràcia
188	Bahäi, Ed	96	9	Cas-cat-	1	—	Terrassa

				eus-gal			
195	Vidorama, S.A., Ediciones	89	23	Cas	1	2	02 L'Eixample
203	Karma.7, Ediciones	73	5	Cas	1	2	03 Sants-Montjuïc
209	Amarantos, S.C.P.	65	0	Cat-cas	1	1	02 L' Eixample
210	Flor del Viento Ediciones, S.A.	65	6	Cas-cat	1	1	02 L'Eixample
238	Áltera, S.L.	36	4	___	1	1,2	02 L'Eixample
49	Grup Promotor d'ensenyament i difusió en Català	1307	105	Cas-cat	___	2	10 Sant Martí
97	Laertes, S.A., de Ediciones	482	24	Cas-cat	___	2,3	06 Gràcia
101	Institut de Ciències de l'Educació (UAB)	460	25	Cas-cat	___	1	Bellaterra
107	Regina S.A., Editorial	416	0	Cas-cat-inglés	___	___	02 L'Eixample
151	S.T.J., Ediciones	172	8	Cas-cat	___	3	05 Sarrià-Sant Gervasi
194	Hora de Poesía	90	___	Cas-cat-ing-fran-ita-portug.	___	2	06 Gràcia
200	Institut d'Estudis Penedencs	81	___	Cat	___	___	Vilanova i la Geltrú
205	Puvill Libros, S.A.	69	1	Cas	___	___	10 Sant Martí
224	Roure Editorial, S.A., El	48	1	Cas-cat	___	2,3	Esplugues del Llobregat
243	Thema Equipo Editorial, S.A.	32	0	Cas	___	___	02 L'Eixample
277	Protusa-Art Divino	5	1	Cas	___	___	02 L'Eixample
278	Who's Who in Spain, S.A.	5	___	Inglés	___	1	05 Sarrià-Sant Gervasi
285	Etu Ediciones, S.L.	3	2	Cas	___	1,2,3	09 Sant Andreu
288	Pena-Millet, Editors	2	0	Cas	___	1,2	02 L'Eixample
290	Abadia de Montserrat, S.A.	1	0	Cat-cas.	___	1	02 L' Eixample
292	Alferal, S.L.	0	0	___	___	1	Sant Cugat del Vallés

Anexo 8: Cursos impartidos por los gremios en Barcelona en el 1997*

Fundació Indústries Gràfiques	Gremi d'Editors de Catalunya
Cursos bàsics d'arts gràfiques	El treball de l'editor
Enquadernació industrial	El llibre d'estil editorial
Troquelats	Propietat intel·lectual per a editors
Fotocomposició-autoedició	Comunicacions editorials
Muntatge electrònic	Responsables de sistemes informàtics
Iniciació al color	Producció editorial i preimpressió
Formació de comandaments intermedis a distancia	Noves tecnologies:autoedició per a editors
Flexografia	Maquetació avançada
Fotogravat	Fotomecànica avançada
Serigrafia	Il·lustració avançada
Rotatives offset	Ofimàtica
Iniciació al color	Edició electrònica multimèdia
Gestió de la qualitat a la indústria gràfica	Gestió comercial per a editors
Control de costos i gestió de pressupostos	Gestió d'exportació per a editors

Producció a les arts gràfiques	Tècniques de venda de llibres
Petit offset	
Enquadernació artesanal	
Control cromàtic de la tirada	
Muntatge insolació	
Diagramació i maquetació de llibres i revistes	
Tirador de proves	
Disseny gràfic per ordenador	
Tractament digital de la imatge en color	
Curs bàsic de arts gràfiques	
Colorimetria i densitometria	
Química aplicada a les arts gràfiques	
Quarkxpress-Illustrador	
Photoshop-Freehand	
Calibrat de filmadores	
Venedores preimressió	

* El Gremi de Llibreters ofreció un curso titulado: Gestió de petits i mitjanas empreses

Fuente: Gencat. Institut Catalá de Noves Professions. Barcelona. 1997.
        Elaboración propia

Anexo 9: Librerías agremiadas en el año 2002

N°	Nombre	Calle	Distrito/ Municipio	Tipo	Con web
1	1+1 Llibres d'Art-Fundació Metronom	Fusina, 9	01 Ciutat Vella	3	1
2	Antinovs Llibreria Gai-Lesbica	Josep Anselm Clavé, 6	01 Ciutat Vella	3	1
3	Ass. D' Enginyers Industrials de Catalunya	Via Layetana, 39	01 Ciutat Vella	1	1
4	Distribuidora Balmes	Duran i Bas, 11	01 Ciutat Vella	1	1
5	Ediciones Milla	Sant Pau, 21	01 Ciutat Vella	3	2
6	El Corte Inglés	Av. Portal de l' Àngel, 19	01 Ciutat Vella	1	1
7	La Hormiga de Oro	Av. Portal del Àngel, 3-5	01 Ciutat Vella	1	2
8	Laie- Cccb	Montalegre, 5	01 Ciutat Vella	1	1
9	Llibreria Almirall 1733	Princesa, 16	01 Ciutat Vella	1	2
10	Llibreria Cervantes	Tallers, 82	01 Ciutat Vella	1	2
11	Llibreria del Raval	Elisabets, 6	01 Ciutat Vella	2	1
12	Llibreria Documenta	Cardenal Casañas, 4	01 Ciutat Vella	3	1
13	Llibreria El Aleph	Sant Antoni Abad, 57	01 Ciutat Vella	3	2
14	Llibreria El Claustre	Catedral de Barcelona	01 Ciutat Vella	3	2
15	Llibreria El Far	Escar, 6-8	01 Ciutat Vella	3	2
16	Llibreria Els Tartessos	Canuda, 35	01 Ciutat Vella	3	2
17	Llibreria Espai Mallorca	Carme, 55	01 Ciutat Vella	3	1
18	Llibreria Francisco Puvill	Jaume I, 5	01 Ciutat Vella	1	2

19	Llibreria Generalitat de Catalunya	Rambla dels Estudis, 118	01 Ciutat Vella	3	1
20	Llibreria Guru Trampos	Hospital, 89	01 Ciutat Vella	3	2
21	Llibreria L' Eina	Santa Anna, 15	01 Ciutat Vella	3	2
22	Llibreria La Garba	Maquinista, 19	01 Ciutat Vella	1	2
23	Llibreria Loring Art	Gravina, 8	01 Ciutat Vella	3	1
24	Llibreria Makoki	Plaça Sant Josep Oriol, 29	01 Ciutat Vella	3	2
25	Llibreria Medios	Valldonzella, 7	01 Ciutat Vella	3	1
26	Llibreria Minerva Papereria	Ronda Sant Pau, 68	01 Ciutat Vella	1	2
27	Llibreria Naútica	Fusteria, 12	01 Ciutat Vella	3	2
28	Llibreria Newton	Riera Alta, 8	01 Ciutat Vella	3	2
29	Llibreria OKB!-Centre d'Art Santa Mònica	Rambles, 7	01 Ciutat Vella	3	2
30	Llibreria P.P.C	Canuda, 9	01 Ciutat Vella	1	2
31	Llibreria Pompeia	Cardenal Casañas, 6	01 Ciutat Vella	1	2
32	Llibreria Pròleg	Dagueria, 13	01 Ciutat Vella	3	1
33	Llibreria Quera	Petritxol, 2	01 Ciutat Vella	3	1
34	Llibreria Santo Domingo	Santo Domingo del Call, 4	01 Ciutat Vella	3	2
35	Salas Llibreteria	Jaume I, 5	01 Ciutat Vella	1	2
36	Salas Llibreteria	Unió, 3	01 Ciutat Vella	1	2
37	SEPU	Rambles, 140	01 Ciutat Vella	1	2
38	Alibri Llibreria	Balmes, 26	02 L'Eixample	3	1
39	Comercial Atheneum	Consell de Cent, 130-136	02 L'Eixample	1	1
40	Companyia Central Llibretera	Mallorca, 237	02 L'Eixample	3	1
41	Dione	Av. Roma, 51	02 L'Eixample	1	2
42	Editorial Claret	Roger de Llúria, 5	02 L'Eixample	1	1
43	El Corte Inglés	Plaça Catalunya, 14	02 L'Eixample	1	1
44	English Bookshop-Serveis i Materials, S	Entença, 63	02 L'Eixample	3	2
45	Epsilon Natura	Rosselló, 185	02 L'Eixample	3	2
46	FNAC El Triangle	Plaça Catalunya, 4	02 L'Eixample	2	2
47	Freixanet Llibres	Provença, 199	02 L'Eixample	3	2
48	LAIE Llibreria-Café	Pau Claris, 85	02 L'Eixample	2	1
49	Libros Nova	València, 50	02 L'Eixample	1	2
50	Llibreria 5 Estrelles	Tamarit, 104	02 L'Eixample	1	2
51	Llibreria A. Cugat	Bruc, 99	02 L'Eixample	1	2
52	Llibreria Al Peu de la Lletra	Calàbria, 281	02 L'Eixample	1	2
53	Llibreria Altair	Gran Via de les Corts Catalanes, 616	02 L'Eixample	3	1
54	Llibreria Amsterdam	Comte Borrell, 91-93	02 L'Eixample	1	2
55	Llibreria Atlas Papereria	Casanova, 96	02 L'Eixample	1	2
56	Llibreria BCN Books	Aragó, 277	02 L'Eixample	3	2
57	Llibreria Berna	Rambla de Catalunya, 61	02 L'Eixample	1	2
58	Llibreria Can Lletres	València, 16	02 L'Eixample	1	2
59	Llibreria Cannebiere	Aragó, 217	02 L'Eixample	1	2
60	Llibreria Casa del Llibre	Passeig de Gràcia, 62	02 L'Eixample	3	1
61	Llibreria Catalonia	Ronda Sant Pere, 3	02 L'Eixample	2	2
62	Llibreria Claris	Pau Claris, 82	02 L'Eixample	1	2
63	Llibreria Collector	Pau Claris, 168	02 L'Eixample	3	1
64	Llibreria Come In	Provença, 203	02 L'Eixample	3	2
65	Llibreria Crisol	Rambla de Catalunya, 81	02 L'Eixample	1	1
66	Llibreria Crisol	Consell de Cent, 341	02 L'Eixample	1	1
67	Llibreria Crònica Boulevart	Passeig de Gràcia, 55	02 L'Eixample	1	2
68	Llibreria de l'Empresa	Muntaner, 90	02 L'Eixample	3	1
69	Llibreria de la Diputació	Londres, 57	02 L'Eixample	3	2
70	Llibreria Els Espirals	Consell de Cent, 187	02 L'Eixample	1	2
71	Llibreria Epsilon	Casanova, 82	02 L'Eixample	3	2
72	Llibreria Espaxs	Rosselló, 132	02 L'Eixample	3	2
73	Llibreria Europea Papereria	Londres, 93	02 L'Eixample	3	2

Edición Catalana. El mundo editorial barcelonés 1990-2000.

Ingo von Sundahl

74	Llibreria Fabre	Rambla Catalunya, 52	02 L'Eixample	1	2
75	Llibreria Francesa	Passeig de Gràcia, 91	02 L'Eixample	3	2
76	Llibreria Gigamesh	Ronda Sant Pere, 53	02 L'Eixample	3	1
77	Llibreria H.I. Especializada	Passeig de Gràcia, 59	02 L'Eixample	3	2
78	Llibreria Harvard	Balmes, 152	02 L'Eixample	1	2
79	Llibreria Hispano Americana	Gran Via de les Corts Catalanes, 594	02 L'Eixample	3	2
80	Llibreria Infantil i Juvenil Al·lots	Consell de Cent, 266	02 L'Eixample	3	1
81	Llibreria Italiana	Rambla Catalunya, 33	02 L'Eixample	3	2
82	Llibreria Jaimes	Passeig de Gràcia, 64	02 L'Eixample	3	2
83	Llibreria Kowasa	Mallorca, 235	02 L'Eixample	3	2
84	Llibreria L'ICS	Calàbria, 252	02 L'Eixample	1	2
85	Llibreria La Facultat Papereria	Villarroel, 185	02 L'Eixample	1	2
86	Llibreria La Pleta	Mallorca, 56	02 L'Eixample	3	2
87	Llibreria La Ploma	Sicília, 332	02 L'Eixample	3	1
88	Llibreria Lamas Papereria	Provença, 256	02 L'Eixample	1	2
89	Llibreria Les Punxes	Rosselló, 260	02 L'Eixample	3	2
90	Llibreria Luz i Color	Consell de Cent, 171	02 L'Eixample	1	2
91	Llibreria Manchester	Av. Mistral, 44	02 L'Eixample	1	2
92	Llibreria Manolo's Store	Sardenya, 84	02 L'Eixample	1	2
93	Llibreria México	Buenos Aires, 16	02 L'Eixample	1	2
94	Llibreria Militaria	Bailén, 120	02 L'Eixample	3	2
95	Llibreria Mistral	Tamarit, 116	02 L'Eixample	1	2
96	Llibreria Mizar	Còrsega, 203	02 L'Eixample	1	1
97	Llibreria Naútica Força 6	Balmes, 69	02 L'Eixample	3	1
98	Llibreria Norma Cómics	Passeig de Sant Joan, 9	02 L'Eixample	3	1
99	Llibreria Occidente	Londres, 12	02 L'Eixample	1	2
100	Llibreria Ona	Gran Via de les Corts Catalanes, 654	02 L'Eixample	3	2
101	Llibreria Oreneta	Gran Via Corts Catalanes, 662, 2a	02 L'Eixample	1	2
102	Llibreria Passim	Floridablanca, 54-58	02 L'Eixample	3	2
103	Llibreria Proa Espais	Diputació, 250	02 L'Eixample	3	1
104	Llibreria Promarex	Sepúlveda, 87	02 L'Eixample	3	1
105	Llibreria Quijote De Oro	Villarroel, 188	02 L'Eixample	1	2
106	Llibreria Rocafort Papereria	Rocafort, 72	02 L'Eixample	3	1
107	Llibreria Sargadelos	Provença, 274	02 L'Eixample	3	2
108	Llibreria Sexològica	Diputació, 222	02 L'Eixample	3	2
109	Llibreria Signe	Mallorca, 301	02 L'Eixample	3	2
110	Llibreria Torradas	Manso, 62	02 L'Eixample	1	2
111	Llibreria Universal	Ronda Sant Antoni, 9	02 L'Eixample	3	2
112	Llibreria Universitària	Aribau, 17	02 L'Eixample	3	1
113	Llibreria Vips	Rambla Catalunya, 7-9	02 L'Eixample	1	2
114	Marcial Pons Llibreter	Provença, 249	02 L'Eixample	3	1
115	Mundi-Prensa	Consell de Cent, 391	02 L'Eixample	3	1
116	OKB! – Fundació Tàpies	Aragó, 255	02 L'Eixample	3	2
117	Quiosc Gran Via	Passeig de Gràcia, 11	02 L'Eixample	1	2
118	Quiosc València	Passeig de Gràcia, 107	02 L'Eixample	1	2
119	Quiosc Zurich	Plaça Catalunya/ Pelai	02 L'Eixample	1	2
120	Tea Ediciones	París, 211	02 L'Eixample	1	2
121	Llibreria Ambos Mundos	Av. Madrid, 160	03 Sants- Montjuïc	1	2
122	Llibreria de Mostra	Cros, 4	03 Sants- Montjuïc	1	2
123	Llibreria Karma	Av. Paral·lel, 143	03 Sants- Montjuïc	3	2
124	Llibreria Montjuïc	Lleida, 11	03 Sants- Montjuïc	1	2
125	Llibreria Navarro	Viriato, 43	03 Sants- Montjuïc	1	2
126	Llibreria Papereria Campus	Melcior de Palau, 145	03 Sants- Montjuïc	3	2
127	Llibres i Música	Plaça Major, 15 (Poble Espanyol)	03 Sants- Montjuïc	1	2

128	Puvill Libros	Estany, 13 (nau D-1)	03 Sants- Montjuïc	1	1
129	El Corte Inglés	Av. Diagonal, 617-619	04 Les Corts	1	1
130	FNAC L'Illa	Av. Diagonal , 549	04 Les Corts	2	2
131	Llibreria Amberes	Plaça Comas, 14	04 Les Corts	1	2
132	Llibreria Ancora y Delfín	Av. Diagonal, 564	04 Les Corts	3	2
133	Llibreria Díaz de Santos	J. Girona Salgado-UPC Campus Nord	04 Les Corts	3	1
134	Llibreria Helios Libros	Nicaragua, 100	04 Les Corts	3	2
135	Llibreria Jaimes	Doctors Trias i Pujol, 7	04 Les Corts	1	2
136	Llibreria Nicaragua	Nicaragua, 84	04 Les Corts	1	2
137	Llibreria Sanz y Torres III	Travessera de les Corts, 130	04 Les Corts	3	1
138	Llibreria Siglo XX	Av. Madrid, 51-53	04 Les Corts	1	2
139	Llibreria Ver y Leer	Galileo, 260	04 Les Corts	1	2
140	Baibars Llibreria-Café	Hercegovina, 7	05 Sarrià- Sant Gervasi	3	1
141	Eds. i Serv. Escolars Domènech	Balmes, 423-425	05 Sarrià- Sant Gervasi	3	2
142	L'Ombra Lore	Ganduxer, 31	05 Sarrià- Sant Gervasi	1	2
143	Llibreria Acuarela	Ronda General Mitre, 1-3	05 Sarrià- Sant Gervasi	1	2
144	Llibreria Alfa Beta	Plaça Gal·la Placidia, 2	05 Sarrià- Sant Gervasi	1	2
145	Llibreria Artos	Major de Sarrià, 2	05 Sarrià- Sant Gervasi	1	2
146	Llibreria Aula	Benet Mateo, 24	05 Sarrià- Sant Gervasi	1	2
147	Llibreria Boston	Teodora Lamadrid,52	05 Sarrià- Sant Gervasi	1	2
148	Llibreria Campus	Santa Amèlia, 12	05 Sarrià- Sant Gervasi	3	2
149	Llibreria Coimbra	Ronda General Mitre, 100	05 Sarrià- Sant Gervasi	1	2
150	Llibreria Comodín	Pàdua, 104	05 Sarrià- Sant Gervasi	1	2
151	Llibreria Demos	Craywinckel, 25	05 Sarrià- Sant Gervasi	1	2
152	Llibreria Díaz de Santos	Balmes, 417	05 Sarrià- Sant Gervasi	3	1
153	Llibreria Dolmen	Ganduxer, 140	05 Sarrià- Sant Gervasi	1	2
154	Llibreria Don Bosco	Passeig Sant Joan Bosco, 62	05 Sarrià- Sant Gervasi	1	2
155	Llibreria Esportiva Kines	Tavern, 11 bis	05 Sarrià- Sant Gervasi	3	2
156	Llibreria Estel	Ciutat de Balaguer, 10	05 Sarrià- Sant Gervasi	1	2
157	Llibreria Garbí	Via Augusta, 9	05 Sarrià- Sant Gervasi	1	2
158	Llibreria Hernández Papereria	Passeig Reina Elisenda, 2	05 Sarrià- Sant Gervasi	1	2
159	Llibreria Internacional Pedralbes	Manuel Girona, 50	05 Sarrià- Sant Gervasi	1	2
160	Llibreria L'Alebrije	Gòsol, 39	05 Sarrià- Sant Gervasi	3	2
161	Llibreria La Gàbia de Paper	Marià Cubí, 26 B	05 Sarrià- Sant Gervasi	1	2
162	Llibreria Lay	Ronda General Mitre, 132	05 Sarrià- Sant Gervasi	1	2
163	Llibreria Liverpool	Laforja, 44	05 Sarrià- Sant Gervasi	1	2
164	Llibreria Lletres i Artes	Balmes, 432	05 Sarrià- Sant Gervasi	1	2
165	Llibreria Magna	Aribau, 235	05 Sarrià- Sant Gervasi	1	2
166	Llibreria Mahon Papereria	Mahon, 27	05 Sarrià- Sant Gervasi	1	2
167	Llibreria Portobello	Muntaner, 524	05 Sarrià- Sant Gervasi	1	2
168	Llibreria Quinto	Mestre Nicolau, 27	05 Sarrià- Sant	1	2

	Continente		Gervasi		
169	Llibreria Scriba-Verón	De la Torre, 17, tda.1	05 Sarrià- Sant Gervasi	1	2
170	Llibreria Septimània	Septimània, 40	05 Sarrià- Sant Gervasi	1	2
171	Llibreria Sidney	Av. República Argentina, 173	05 Sarrià- Sant Gervasi	1	2
172	Llibreria Tecni-Press	Via Augusta, 160	05 Sarrià- Sant Gervasi	1	2
173	Llibreria Turó	Bori i Fontestà, 2	05 Sarrià- Sant Gervasi	1	2
174	Llibreria Viena	Via Augusta, 237	05 Sarrià- Sant Gervasi	1	2
175	Llibreria Xoroi	Berlinès, 20	05 Sarrià- Sant Gervasi	1	1
176	Llibreria Zurich	Passeig de la Bonanova, 60	05 Sarrià- Sant Gervasi	1	2
177	Lllbreria Vila	Major, 20	05 Sarrià- Sant Gervasi	1	2
178	Papers i Llibres Platón	Balmes, 370	05 Sarrià- Sant Gervasi	1	2
179	Club de lectors dels PP CC	Av. Hospital Militar,24	06 Gràcia	1	2
180	El Corte Inglés	Av. Diagonal, 471	06 Gràcia	1	1
181	Guia Llibreria de Viatges	Travessera de Gràcia, 146	06 Gràcia	3	2
182	La Font de l' Atzavara	Cardener, 57	06 Gràcia	1	2
183	Llibreria Amics	Passeig Sant Joan, 166	06 Gràcia	1	2
184	Llibreria Antifaz Cómic	Gran de Gràcia, 205	06 Gràcia	3	2
185	Llibreria Athos	Còrsega, 325	06 Gràcia	1	2
186	Llibreria Atzavara Grup	Escorial, 94-100	06 Gràcia	1	2
187	Llibreria Cap i Cua	Torrent de l' Olla, 99	06 Gràcia	1	2
188	Llibreria Carolines	Les Carolines, 30	06 Gràcia	1	2
189	Llibreria Cisne-2	Gran de Gràcia, 107	06 Gràcia	1	2
190	Llibreria El Cuc	Pi i Margall, 35-37	06 Gràcia	1	2
191	Llibreria Els Tres Tombs	Travessera de Gràcia, 96	06 Gràcia	3	1
192	Llibreria Grup-3	Escorial, 36	06 Gràcia	1	2
193	Llibreria Ibáñez	L'Alzina, 48	06 Gràcia	1	2
194	Llibreria Inter Press	Còrsega, 452	06 Gràcia	1	2
195	Llibreria Lausanne	Torrent de L'Olla, 199	06 Gràcia	1	2
196	Llibreria Miguel Creus "La Aeroteca"	Congost, 11	06 Gràcia	3	2
197	Llibreria Oriente	Còrsega, 494	06 Gràcia	1	2
198	Llibreria Roquer-Jardinets	Passeig de Gràcia, 122	06 Gràcia	1	2
199	Llibreria Sánchez	Còrsega, 458	06 Gràcia	1	2
200	Lllibreria Taifa Llibres	Verdi, 12	06 Gràcia	1	2
201	Llibreria Trastevere	Travessera de Dalt, 13	06 Gràcia	1	2
202	Llibreria Vda. F. Roquer	Gran de Gràcia, 40	06 Gràcia	1	2
203	Bolibloc	Cartagena, 323	07 Horta- Guinardó	1	2
204	Llibreria Evangèlica	Camèlies, 19	07 Horta- Guinardó	1	2
205	Llibreria Gènova	Gènova, 15	07 Horta- Guinardó	1	2
206	Llibreria Libro de Oro	Pi i Margall, 101	07 Horta- Guinardó	1	2
207	Llibreria Pedrell	Pedrell, 138	07 Horta- Guinardó	1	2
208	Llibreria Silbloc	Passeig Maragall, 133	07 Horta- Guinardó	1	2
209	Llibreria Blok	Passeig de Valldaura, 246-248	08 Nou Barris	1	2
210	Llibreria Xoc	Passeig Fabra i Puig, 325	08 Nou Barris	1	2
211	Hipercor	Av. Meridiana, 350	09 Sant Andreu	1	2
212	Llibreria El Borinot Ros	Sant Andreu, 448	09 Sant Andreu	1	2
213	Llibreria P. Bosch	Passeig Maragall, 166	09 Sant Andreu	1	2
214	Llibreria Pros i Contres	Arnau D'Oms 72-74	09 Sant Andreu	1	2
215	Moreno Jurado Llibreria	La Sagrera, 94	09 Sant Andreu	1	2

216	Bolibloc Llibreria Papeleria	Sant Quintí, 39	10 Sant Martí	1	2
217	Llibreria Etcètera	Llull, 203	10 Sant Martí	3	1
218	Llibreria Maria Mateo Papereria	Sant Antoni M. Claret, 338	10 Sant Martí	1	2
219	Llibreria Ronsol	Provençals, 268	10 Sant Martí	1	2
220	Llibreria Santillana	Frederic Mompou, 11	10 Sant Martí	1	2
221	Llibres Serra	Davant, 23	Alcarràs (Lleida)	1	2
222	Llibreria M. López Pascual	Bisbe Iruita, 2	Almacelles (Lleida)	1	2
223	Llibreria Gavina	Major, 21	Amposta (Tarragona)	1	2
224	Llibreria Rafales Papereria	Sant Josep, 16	Amposta (Tarragona)	1	2
225	Llibreria Roig	Santa Bàrbara, 36	Amposta (Tarragona)	1	2
226	Llibreria El Set-Ciències	Ample, 9	Arenys de Mar	1	1
227	Llibreria Pujades i Climent	Riera, 6	Arenys de Munt (Barcelona)	1	2
228	Llibreria Al Vent Llibres	Sant Joaquim, 12	Badalona	1	2
229	Llibreria Daina Papereria	Av.Martin Pujol, 177	Badalona	1	2
230	Llibreria El Drac	Ignasi Iglèsies, 50	Badalona	1	2
231	Llibreria El Full	Guifré, 109	Badalona	3	2
232	Llibreria L'Arc de Bera	Bèlgica, naus 6-7-Montigalà	Badalona	1	2
233	Llibreria Blanc	Alfons XII, 12	Banyoles (Girona)	1	2
234	Llibreria Fòrum	Girona, 7	Banyoles (Girona)	1	2
235	Llibreria L'Altell	Plaça dels Turers, 2	Banyoles (Girona)	1	2
236	Llibreria Begur	Plaça Forgues, 6	Begur (Girona)	1	2
237	Casa Huch	Verge dels Àngels, 9	Berga	1	2
238	Llibreria Sisangels	Àngels, 6	Berga (Barcelona)	1	2
239	Llibreria Gispert	Passeig, 5	Cadaqués (Girona)	1	2
240	El Quiosc del Passeig	Passeig Santa Calamanda, 15	Calaf	1	2
241	Llibreria La Llopa	Sant Joan, 62	Calella (Barcelona)	1	1
242	Llibreria Serra	Cardenal Vidal y Barraquer, 12	Cambrils (Tarragona)	1	2
243	Llibreria La Ikastola	Pino, 17	Canovelles (Barcelona)	1	2
244	Llibreria Capellades	Major, 51	Capellades	1	2
245	Llibreria Paperots Papereria	Plaça Joan Alsina, 6	Cardedeu (Barcelona)	1	2
246	Llibreria La Barretina	Major, 6	Castellbisbal (Barcelona)	1	2
247	Llibreria Tarse Papereria	Doctor Ferran, 29	Castelldefels	1	2
248	Llibreria Casanovas	Fontetes, 25	Cerdanyola de Vallès	1	2
249	Llibreria J. Foix Mestre	Camp de la Vila, 17	El Pont de Suert (Lleida)	1	2
250	Llibreria San Javier	Sant Xavier, 45	El Vendrell (Tarragona)	1	2
251	Promoció del Llibre	Doctor Robert, 28	El Vendrell (Tarragona)	1	2
252	Llibreria Alemana Colibrí	Església, 60	Esplugues de Llobregat	3	2
253	Llibreria Esplugues	Plaça Santa Magdalena, 23	Esplugues de Llobregat	1	2
254	Llibreria J. Mallart	Besalú, 12	Figueres	1	2
255	Llibreria J. Soler Tubert	Rocabertí, 11	Figueres	1	2
256	Llibreria Text	Nou, 201	Figueres	1	2
257	Llibreria Pelegrín	Les Colomeres, 73	Gavà	1	2
258	Bayer Hermanos	Rambla Llibertat, 27	Girona	3	2
259	Hipercor	Barcelona, 106-110	Girona	1	2
260	La Llibreria	Ciutadans, 15	Girona	1	2
261	Llibreria 22	Hortes, 22	Girona	2	1
262	Llibreria Carlemany	Bernat Boades, 56	Girona	1	2
263	Llibreria Comics 22	Hortes, 11	Girona	3	1
264	Llibreria Corunya	Corunya, 10	Girona	1	2
265	Llibreria de la Generalitat	Gran Via Jaume I, 38	Girona	1	1
266	Llibreria Eines	Mare de Déu de la	Girona	1	2

		Salut, 137			
267	Llibreria Empúries	Alvarez Castro, 6	Girona	1	2
268	Llibreria Geli	Argenteria, 18	Girona	2	2
269	Llibreria Les Voltes	Plaça del Vi	Girona	1	2
270	Llibreria Pla Dalmau	Rambla Llibertat, 20	Girona	1	2
271	Llibreria Quiosc 22	Emili Grahit, 57-59	Girona	1	1
272	Llibreria Ulyssus	Ballesteries, 29	Girona	1	2
273	Llibreria Carbó	Anselm Clavé, 36	Granollers	2	1
274	Llibreria La Gralla	Plaça dels Cabrits, 5	Granollers	1	2
275	Llibreria Santa Anna	Plaça Caserna, 9	Granollers	1	2
276	Llibreria Aqualata	Sant Josep, 14	Igualada	1	2
277	Llibreria Jordana	Odena, 1	Igualada	1	2
278	Papereria Pergamí	Ronda Padró, 10	L'Escala (Girona)	1	2
279	Llibreria La Llibreria	Plaça Catalunya, 6 bis	L'Hospitalet de L'Infant (Tarragona)	1	2
280	Llibreria Díaz de Santos	Facultat de Medicina-Feixa Llarga, s/n	L'Hospitalet de Llobregat	3	1
281	Llibreria Ferré	Tecla Sala, 22-24	L'Hospitalet de Llobregat	1	2
282	Llibreria Perutxo	Rambla Just Oliveras, 66	L'Hospitalet de Llobregat	1	2
283	Llibreria Perutxo	Josep M. de Sagarra, 2	L'Hospitalet de Llobregat	2	2
284	Llibreria Chalamanch	Sant Miquel del Puy, 35	La Pobla de Segur (Lleida)	1	2
285	Llibreria Diensa	Passatge Lleteries, 3	La Seu d'Urgell (Lleida)	1	2
286	Llibreria Mayoral	Sant Josep de Calasanz, 6	La Seu d'Urgell (Lleida)	1	2
287	Llibreria Ribera De Antich	Sant Odó, 1	La Seu d'Urgell (Lleida)	1	2
288	Llibreria Salvat	D.Iglesias Chavarri, 28	La Seu d'Urgell (Lleida)	1	2
289	Dilagro	Comerç, 40	Lleida	1	2
290	Llibreria Casas	Carme, 16	Lleida	1	2
291	Llibreria Catalunya	Av.Catalunya, 7	Lleida	1	2
292	Llibreria de la Generalitat	Rambla d' Aragó, 43	Lleida	1	1
293	Llibreria Fregola	Plaça de la Sal, 9-11	Lleida	1	2
294	Llibreria Papereria Caselles	Major, 46	Lleida	1	2
295	Llibreria Papereria Pruma	Riu Ebre, 7	Lleida	1	2
296	Llibreria Ronda Papereria	Passeig de Ronda, 155	Lleida	1	2
297	Llibreria Sumum	Plaça Santa Maria Magdalena	Lleida	1	2
298	Llibreria Taleia	Passeig de Ronda, 43	Lleida	1	2
299	Llibreria Totem	Cavallers, 22	Lleida	3	2
300	Llibreria Tulhir	Maragall, 49	Lleida	1	2
301	Punt de Llibre	Bisbe Messeguer, 11	Lleida	1	1
302	Punt de Llibre	Pi i Margall, 13	Lleida	1	1
303	Racó de Proa	Bisbe Ruano, 16	Lleida	1	2
304	Rosario Paya Marce	Rambla Ferran, 45	Lleida	1	2
305	SISO Difusiones	Doctor Fleming, 2	Lleida	3	2
306	Magatzems Sala	Sant Pere, 16-18	Lloret de Mar (Girona)	1	2
307	Llibreria La Pilona	Carme, 67	Malgrat de Mar (Barcelona)	1	2
308	Llibreria Montalt	Mar, 1- Carme, 55	Malgrat de Mar (Barcelona)	1	2
309	Llibreria Contijoch	Passeig de Sant Joan, 63	Manlleu (Barcelona)	1	2
310	Llibreria Lauge	Av. Roma, 267	Manlleu (Barcelona)	1	2
311	Llibreria Parcir	Guimerà, 74	Manresa	1	1
312	Llibreria Rubiralta	Carrer del Born, 24	Manresa	1	2
313	Llibreria Sobrerroca	Prolong. General Prim, 12	Manresa	1	2
314	Llibreria Xipell	Passeig Pere III, 32	Manresa	1	2
315	El Tramvia de Mataró	Plaça Granollers, 1	Mataró	1	2
316	Llibreria Manuel Márquez	Argentona, 4	Mataró	1	2
317	Llibreria Robafaves	Nou, 9	Mataró	3	1
318	Llibreria Robafaves	Nou, 25	Mataró	3	1

319	Llibreria Arola	Pi i Margall, 4	Molins de Rei	1	2
320	Llibreria Dalmases	Jacint Verdaguer, 5	Mollerussa (Lleida)	1	2
321	Llibreria Sarri	Plaça Major, 24-26	Mollerussa (Lleida)	1	2
322	Llibreria L'Illa	Av. Llibertat, 20	Mollet del Vallès	2	2
323	Llibreria Lleure	Colom, 84	Olesa de Montserrat (Barcelona)	1	2
324	Llibreria Núria Papereria	Salvador Casas 2-4	Olesa de Montserrat (Barcelona)	1	2
325	Llibreria Drac	Passeig de'n Blay, 61	Olot (Girona)	2	2
326	Llibreria Mediterrània	Tarongeta, 24	Palafrugell (Girona)	1	2
327	Llibreria Polèmica	Torres Jonama, 90	Palafrugell (Girona)	2	2
328	Llibreria La Gavina	Major, 48	Palamós (Girona)	1	2
329	Llibreria L'Arbre Verd	Plaça Espanya, 23	Pineda de Mar (Barcelona)	1	2
330	Club del Llibre	Castella, 27-30	Prat del Llobregat	1	2
331	Llibreria Proa Premià	Carrer del Nord, 71	Premià de Mar	3	1
332	Llibreria Galatea	Jesús, 15-17	Reus	1	1
333	Llibreria Gaudí	Galera, 12	Reus	1	1
334	Llibreria S. Maideu P.	Plaça Clavé, 9	Ripoll (Girona)	1	2
335	Llibreria Cabraboc	Tamarit, 21 bis	Ripollet	1	2
336	Llibreria L'Ombra	Pere Esmendia, 21	Rubí (Barcelona)	1	2
337	Llibreria Racó del Llibre	Doctor Robert, 12	Rubí (Barcelona)	2	2
338	El Corte Inglés	Av. Francesc Macià, 58-60	Sabadell	1	1
339	Llibreria Els Dies	Carrer del Sol, 55	Sabadell	3	2
340	Llibreria Kronos	Rambla, 209	Sabadell	1	2
341	Llibreria Llar del Llibre	Passeig de la Plaça Major, 12	Sabadell	1	2
342	Llibreria Llar del Llibre	Baricentro, local, 135	Sabadell	1	2
343	Llibreria Llar del Llibre	Passeig de la Plaça Major, 34	Sabadell	2	2
344	Llibreria Llar del Llibre	Marià Fortuny, 11	Sabadell	3	2
345	Llibreria Paes	Av. Concordia, 67	Sabadell	1	2
346	Llibreria Sabadell	Ps. Manresa	Sabadell	1	2
347	Llibreria Tècnica	Trescreus, 65-73	Sabadell	3	2
348	Llibreria Clara	Àngel Guimerà, 24	Sallent (Barcelona)	1	2
349	Llibreria L'Espill Papereria	Cos, 65	Sallent (Barcelona)	1	2
350	Llibreria Utopia	Plaça Pau, 7 B	Sallent (Barcelona)	1	2
351	Llibreria Fernández	Francesc Macià, 38	Salt (Girona)	1	2
352	Llibreria Proa La Plana	La Plana, 36	Sant Boi de Llobregat	3	1
353	Llibreria Els Quatre Gats	Sant Josep, 64-66	Sant Celoni	1	2
354	Llibreria L'Amic Imaginari	Rius i Taulet, 13	Sant Cugat del Vallès	3	2
355	Llibreria Paideia	Santiago Rusiñol, 40	Sant Cugat del Vallès	1	2
356	Llibreria La Guineu	Carrer Capmany, 35	Sant Feliu de Guíxols (Girona)	1	2
357	Llibreria Osso	Laureà Miró, 161	Sant Feliu de Llobregat (Barcelona)	1	2
358	Llibreria Francisco Zurita	Sant Rafael, 49-Major, 8	Sant Pere de Torelló	1	2
359	Llibreria Carrer Major	Carrer Major, 13	Santa Coloma de G.	1	2
360	Llibreria Papiros Pen	Av. Francesc Macià, 29	Santa Coloma de Gramenet	1	2
361	Llibreria Marce Viñas Papereria	Parelladas, 78	Sitges	1	2
362	Llorens Llibres	Sant Pau, 18	Sitges	1	2
363	Pellicer Llibreria Papereria	Sant Antoni M. Claret, 12	Solsona (Lleida)	1	2
364	Bayer Hermanos	Rambla Nova, 125	Tarragona	3	2
365	Llibreria Adsera	Rambla Nova, 94 BIS	Tarragona	2	1
366	Llibreria Calilé	Soler, 4	Tarragona	2	2
367	Llibreria de la Rambla	Rambla, 99	Tarragona	2	2
368	Llibreria La Capona	Gasòmetre, 41-43	Tarragona	1	2
369	Llibreria VYP	Gasòmetre, 24	Tarragona	1	2
370	Llibreria Anfisa	Av. Catalunya, 13	Tàrrega (Lleida)	1	2
371	Llibreria Estel	Carme, 42	Tàrrega (Lleida)	1	2
372	Llibreria Sauret	Carme, 14	Tàrrega (Lleida)	1	2
373	El Cau Ple de Lletres	Cremat, 15	Terrassa	2	2
374	Llibreria Cinta	Ample, 97	Terrassa	3	2

375	Llibreria Joan Grau	Gabatxons, 4	Terrassa	1	2
376	Llibreria The Book Center	Pere Llaurador, 3	Terrassa	3	2
377	Llibreria Sant Jordi	Major, 87	Tona (Barcelona)	1	2
378	Llibreria Migdia	Migdia, 24	Torregrossa (Lleida)	1	2
379	Llibreria El Cucut	Roser, 29-31	Torroella de Montgrí (Girona)	1	2
380	Llibreria Elias	Major, 45	Torroella de Montgrí (Girona)	1	2
381	Llibreria El Cid	Plaça de l'Estadi, 1-5	Tortosa	1	2
382	Llibreria Gozalbo	Plaça Alfonso XII, 6 B	Tortosa	3	2
383	Llibreria Viladrich	Nou del Vall, 1	Tortosa (Tarragona)	1	1
384	Llibreria Voltes	Àngel, 8	Tortosa (Tarragona)	1	2
385	Llibreria Adsera	Cort, 41	Valls (Tarragona)	1	1
386	Llibreria Tram	Forn Nou, 56	Valls (Tarragona)	1	2
387	Llibreria Mater	Manlleu, 25	Vic	1	2
388	Llibreria Mots	Cardona, 12	Vic	1	2
389	Llibreria La Tralla	Riera, 5	Vic (Barcelona)	2	2
390	Llibreria Els Nou Rals	Sant Joan, 19	Viladecans	1	2
391	L' Odissea Llibres i Música	Font, 26	Vilafranca del Penedès	1	2
392	Llibreria Sant Joan	Sant Joan, 12	Vilafranca del Penedès	1	2
393	Llibreria La Mulassa	Carrer Francesc Macià, 64	Vilanova i la Geltrú (Barcelona)	1	2
394	Llorens Llibres	Sant Sebastià, 12	Vilanova i la Geltrú (Barcelona)	2	2
395	Llibreria Ponce	Sant Josep, 5	Vila-Seca (Tarragona)	1	2

Anexo 10: Premios literarios de la Ciudad de Barcelona

Nº	Nombre	Tipo de entidad que lo convoca*	Dotacion en euros	Otras Dotaciónes**	Anuario El País
1	Godó de Periodisme	3	18000		No
2	Premi d'Educació Josep Pallach	2,3	10000	2	No
3	Premi Periodístic Manuel Ibáñez Escofet	3	10000		No
4	Premi Literari Nostromo: L'Aventura Marítima	3	7000	2	No
5	Pere Calders de Literatura Catalana	2,3	6100	2	No
6	Premi Periodístic Internacional "La Rambla-Memorial Mary Santpere"	3	6010		No
7	Sent Soví de Literatura Gastronòmica	1,2,3	6000	1,2	No
8	Premi Fundació Ramon Trias Fargas	3	6000	2	No
9	UPC de Ciència-Ficció	2	6000	2	No
10	Premi Prat de la Riba	2	6000		No
11	Premi de Recerca Josep Ricart i Giralt	3	4808	2	No
12	Premis Joventut i Valors	3	4200		No
13	Premi Milà i Fontanals d'Història Literària	2	4200		No
14	Pompeu Fabra de Gramàtica	2	4200		No
15	Premi Francesc de B. Moll de Dialectologia	2	4200		No
16	Premi Joan Reglà d'Història Moderna	2	4200		No
17	Borses d'Estudi Generalitat de Catalunya	2	4200		No
18	Premi de Sociolingüística	2	4200		No
19	Premi Duran i Bas de Dret	2	4200		No
20	Premi Joaquim Carreras i Artau de Filosofia	2	4200		No
21	Premi Periodístic "La dona a la unió europea"	2,3	4000		No
22	Borsa d'Estudi Països Catalans	2	4000		No
23	Borsa d'Estudi Eusko-Ikasnuntza-Institut d'Estudis Catalans	2,3	3600		No
24	Premi Revista "Idees" d'Assaig Breu	3	3500	2	No
25	Ajuts CIRIT per al desenvulupament de projectes de recerca d'abast comarcal (ACOM)	2	3000		No
26	Premi de Periodisme Tèxtil "Pedro Morillo"	3	3000		No
27	Premi Joventut per a la Promoció de la tasca investigadora del món juvenil	2	3000	2	No
28	Borsa d'Estudi Ramon d'Alòs-Moner	2	3000		No
29	Ajuts Fundació Mercè Rodoreda	2,3	3000		No
30	Borsa d'Estudi Abelard Fàbrega	2	3000		No
31	Premi Vèrtex a un recull d'itineraris de muntanya	1,3	3000	2	No
32	Premis CIRIT per fomentar l'esperit científic del jovent	2	2500		No
33	Premi Joan Profitós d'Assaig Pedagògic	3	2500	2	No

34	Concurs de joves sociòlegs	2,3	1800	2	No
35	Certamen literari AMIBA- Modalitat de Teatre	3	1200		No
36	Premi Francesc Carreras i Candi	3	1200	2	No
37	Premi Montserrat Corbera Guix	3	1200	2	No
38	Premi de la Institució Catalana d'Història Natural per a estudiants	2,3	1200		No
39	Certamen literari AMIBA- Modalitat de Conte	3	900		No
40	Certamen literari AMIBA- Modalitat de Poesía	3	900		No
41	Premi dels amics de l'Art Romànic per a estudiants	2,3	900	2	No
42	Premi Lluís Casassas i Simó de la Societat Catalana de Geografia	2,3	600		No
43	Premi de la Societat Catalana d'Estudis Històrics per a estudiants	2,3	600		No
44	Premis Bonaplata per a joves	3	300		No
45	Concurs literari Ramon Salvadó i Montoriol	3	204	2	No
46	Concurs literari Hilari d'Arenys	2,3	204	2	No
47	Certamen bimestral "Poesia Breu" de poesia viva	3	200	1	No
48	Conex Narrativa	3	0	1,2	No
49	Conex Poesía	3	0	1,2	No
50	Premis Auriga- Premi Didascàlia d'experiències docents	3	0	1,2	No
51	Premis Auriga- Premi Núria Tudela i Penya per a estudiants	3	0	1,2	No

* 1 = editoriales, 2 = instituciones públicas, 3 = instituciones privadas.
** 1= premios y obsequios, 2= ayudas y difusión de la obra.

Fuente: Gencat. Premis literaris en català. 2002.
    Elaboración propia.

Anexo 11: Premios literarios en catalán.

N°	Nombre	Tipo de entidad que lo convoca**
1	Amadeu Oller	3
2	Andròmina	1
3	Benet Ribas (RECVLL)	3
4	Carlemany	1,2,3
5	Carles Rahola	3
6	Carles Riba	1,3
7	Cavall Verd	---
8	Comas i Maduell	2,3
9	Crítica a escriptors valencians	3
10	Documenta	1,3
11	El Vaixell de Vapor	1,3
12	Gran Angular	1,3
13	Joan Alcover	2
14	Joan Fuster	1
15	Joan Maragall	3
16	Joaquim Ruyra (RECVLL)	1,3
17	Jocs Florals de Barcelona	2
18	Josep Maria Folch i Torres	1,3
19	**Josep Pla***	**1**
20	Josep Vallverdú	2
21	Lletra d'Or	---
22	Llorenç Villalonga	2
23	Lola Anglada	2,3
24	Màrius Torres	2
25	Mercè Rodoreda	1,3
26	Miquel de Palol	3
27	Nestor Luján	1
28	Pere Quart	1,2
29	Pin i Soler	2,3
30	Premi d'Honor de les Lletres Catalanes	2

31	Premi de la Crítica "Serra d'Or"	---
32	Premi de Teatre Josep Ametller (RECVLL)	3
33	Premi Joan Crexells	---
34	Premis de Literatura de l'Ajuntament de Barcelona	2
35	Premis Nacionals de Literatura de la Generalitat	2
36	Prudenci Bertrana	3
37	**Ramon Llull***	**1**
38	Ramon Muntaner	3
39	Rovira i Virgili	2,3
40	Sant Joan	3
41	**Sant Jordi***	**3**
42	Vicent Andrés Estellés	1

* Mención como premio nacional
** 1 = editoriales, 2 = instituciones públicas, 3 = instituciones privadas

Fuente: Gencat. Premis literaris en català. 2002.
        Elaboración propia.

Anexo 12: Premios literarios españoles

Nº	Nombre	Tipo de entidad que lo convoca*	Dotación	Lugar
1	Planeta	1	300.000 EU	BCN
2	Fernando Lara de Novela	1	120.000 EU	BCN
3	Cervantes	3	90.000 EU	Madrid
4	Ateneo de Sevilla	1	60.000 EU	Sevilla
5	Plaza & Janés Internacional de Novela	1	60.000 EU	BCN
6	Nacional de Letras	2	30.000 EU	Madrid
7	Jaén de Narrativa	3	24.000 EU	Granada
8	Angel Guerra	2	21.000 EU	Lanzarote
9	Gonzálo Torrente Ballester	2	18.000 EU	La Coruña
10	Nadal	1	18.000 EU	BCN
11	Ramon Llull de Novela Catalana	1	18.000 EU	BCN
12	Nacional (ensayo)	2	15.000 EU	Madrid
13	Nacional (narrativa)	2	15.000 EU	Madrid
14	Nacional (poesía)	2	15.000 EU	Madrid
15	Nacional de Crítica Literaria (narrativa)	2	15.000 EU	Madrid
16	Nacional de Literatura Infantil	2	15.000 EU	Madrid
17	Nacional de Crítica Literaría (poesía)	2	15.000 EU	Madrid
18	Nacional de la Literatura Dramática	2	15.000 EU	Madrid
19	Sant Joan de Literatura Catalana	3	15.000 EU	BCN
20	Café Gijón de Novela	2	12.000 EU	Gijón
21	Castilla-León de Letras	2	12.000 EU	Valladolid
22	Herralde de Novela	1	12.000 EU	BCN
23	Josep Pla de Narrativa en Catalán	1	12.000 EU	BCN
24	Llorenç Villalonga de Novela Catalana	2	12.000 EU	Mallorca
25	Nacionals de Literatura Catalana	2	12.000 EU	BCN
26	Pío Baroja de Novela en Castellano	2	12.000 EU	Vitoria
27	Xerais de Novela Gallega	1	9000 EU	La Coruña
28	Andrómina	1	6000 EU	Valencia
29	Ateneo de Valladolid	1	6000 EU	Valladolid
30	Benito Pérez de Armas	3	6000 EU	Canarias
31	Camilo José Cela de Narraciones Cortas	2	6000 EU	Mallorca
32	Francisco de Avellaneda de Teatro	2	6000 EU	Vitoria
33	La Felguera de Narración Corta	3	6000 EU	Asturias
34	María Vayreda de Prosa narrativa en Catalán	1	6000 EU	Olot
35	Pedro I.Barruta de Teatro en Euskera	2	6000 EU	Vitoria

36	Sonrisa Vertical de Novela Erótica	1	6000 EU	BCN
37	Café Iruña de Novela Corta	3	3600 EU	Bilbao
38	Cáceres de Novela Corta	3	3000 EU	Cáceres
39	Sara Navaro de Cuentos	1	3000 EU	Madrid
40	Sésamo de Novela Corta	1	2400 EU	Madrid
41	Pérez Galdós	2	2100 EU	Canarias
42	Ana María Matute	1	900 EU	BCN
43	Alfonso XIII	2	-	-
44	Anagrama	1	-	BCN
45	Azorín	-	-	-
46	Ciudad de Salamanca	2	-	Salamanca
47	Don Juan de Borbón	2	-	Madrid
48	Espasa de Ensayo	1	-	BCN
49	Femino Lumen	-	-	-
50	Jovellanos	-	-	-
51	Juan Rulfo	-	-	-
52	Lengua de Trapo	-	-	-
53	Loewe	-	-	-
54	Menéndez Pelayo	-	-	-
55	Merlín	-	-	-
56	Miguel de Unamuno	-	-	-
57	Miguel Delibes	-	-	-
58	Reina Sofía (poesía)	2	-	Madrid

* 1 = editoriales; 2 = instituciones públicas; 3 = instituciones privadas
Fuente: Asociación de Editoriales Universitarias Españolas. .www.aeue.es. 2002.
          Anuario. El País 2001.
          Elaboración pròpia

Anexo 13: Ferias del libro españolas

N°	Nombre	Lugar
1	Feria del libro Alcalá de Henares	Alcalá de Henares (Madrid)
2	Feria del libro de Alcobendas	Alcobendas (Madrid)
3	Feria del libro de Alcorcón	Alcorcón (Madrid)
4	Feria del libro de Algeciras	Algeciras (Cádiz)
5	Feria del libro de Alicante	Alicante
6	Feria del libro de Aranjuez	Aranjuez (Madrid)
7	Feria del libro de Barcelona	Barcelona
8	Feria del libro de Bilbao	Bilbao
9	Feria del libro de Buitrago de Lozoya	Buitrago de Lozoya (Madrid)
10	Feria del libro de Burgos	Burgos
11	Feria del libro de Carabanchel	Carabanchel (Madrid)
12	Feria del libro de Castellón	Castellón
13	Feria del libro de Cee	Cee (A Coruña)
14	Feria del libro de Colmenar Viejo	Colmenar Viejo (Madrid)
15	Feria del libro de Collado Villalba	Collado Villalba (Madrid)
16	Feria del libro de Córdoba	Córdoba
17	Feria del libro de El Álamo	El Álamo (Madrid)
18	Feria del libro de El Ferrol	El Ferrol (A Coruña)
19	Feria del libro de Foz	Foz (Lugo)
20	Feria del libro de Fuenlabrada	Fuenlabrada (Madrid)

21	Feria del libro de Fuente el Saz del Jarama	Fuente el Saz del Jarama (Madrid)
22	Feria del libro de Gijón	Gijón (Asturias)
23	Feria del libro de Guadalajara	Guadalajara
24	Feria del libro de Huelva	Huelva
25	Feria del libro de Huesca	Huesca
26	Feria del libro de Humanes	Humanes (Madrid)
27	Feria del libro de Jaén	Jaén
28	Feria del libro de Jerez de la Frontera	Jerez de la Frontera (Cádiz)
29	Feria del libro de La Coruña	La Coruña
30	Feria del libro de León	León
31	Feria del libro de Lugo	Lugo
32	Feria del libro de Madrid	Madrid
33	Feria del libro de Monforte de Lemos	Monforte de Lemos (Lugo)
34	Feria del libro de Móstoles	Móstoles (Madrid)
35	Feria del libro de Murcia	Murcia
36	Feria del libro de Nuevo Bazán	Nuevo Bazán (Madrid)
37	Feria del libro de Orense	Orense
38	Feria del libro de Oviedo	Oviedo (Asturias)
39	Feria del libro de Palencia	Palencia
40	Feria del libro de Palma de Mallorca	Palma de Mallorca
41	Feria del libro de Pamplona	Pamplona
42	Feria del libro de Pedrezuela	Pedrezuela (Madrid)
43	Feria del libro de Pinto	Pinto (Madrid)
44	Feria del libro de Pontevedra	Pontevedra
45	Feria del libro de Ribadavia	Ribadavia (Orense)
46	Feria del libro de San Fernando	San Fernando (Cádiz)
47	Feria del libro de San Fernando de Henares	San Fernando de Henares (Madrid)
48	Feria del libro de San Lorenzo de El Escorial	San Lorenzo de El Escorial (Madrid)
49	Feria del libro de San Sebastián	San Sebastián
50	Feria del libro de San Sebastián de los Reyes	San Sebastián de los Reyes (Madrid)
51	Feria del libro de Santander	Santander
52	Feria del libro de Santiago de Compostela	Santiago de Compostela (La Coruña)
53	Feria del libro de Sanxenxo	Sanxenxo (Pontevedra)
54	Feria del libro de Sarría	Sarría (Lugo)
55	Feria del libro de Segovia	Segovia
56	Feria del libro de Sevilla	Sevilla
57	Feria del libro de Talavera de la Reina	Talavera de la Reina (Toledo)
58	Feria del libro de Tenerife	Tenerife
59	Feria del libro de Teruel	Teruel
60	Feria del libro de Torrejón de Ardoz	Torrejón de Ardoz (Madrid)
61	Feria del libro de Tres Cantos	Tres Cantos (Madrid)
62	Feria del libro de Valencia	Valencia
63	Feria del libro de Valladolid	Valladolid
64	Feria del libro de Velilla de San Antonio	Velilla de San Antonio (Madrid)
65	Feria del libro de Vigo	Vigo (Pontevedra)
66	Feria del libro de Villanueva de la Cañada	Villanueva de la Cañada (Madrid)
67	Feria del libro de Viveiro	Viveiro (Lugo)
68	Feria del libro de Zaragoza	Zaragoza

69	Día del Libro Infantil	Madrid
70	Feria de Otoño del libro Viejo y Antiguo	Madrid
71	Festival Internacional de Poesía de Barcelona	Barcelona
72	LIBER 96. Salón Internacional del Libro	Barcelona
73	Salón del Libro Infantil	Barcelona
74	Salón del Libro Infantil	Madrid

Fuente: Guía del Escritor.1999 Elaboración propia

Anexo 14: Ferias Internacionales

N°	Nombre	Lugar
1	10th Biblioteka 2.002	Bratislava (Eslovaquia)
2	14 Moscow Int Book Fair	Moscú (Rusia)
3	15th New Delhi World Book Fair	New Delhi (India)
4	15th Teheran Int Book Fair	Teheran (Irán)
5	17th Int Book Fair	Warsaw (Polonia)
6	2002 Latino Book & Family Festival	Phoenix (EE.UU)
7	23 Feria Int del Libro de Minería	México D.F
8	2ª Feria Int del Libro de Guatemala	Guatemala
9	48th Belgrade Int Book Fair	Belgrado (Yugoslavia)
10	5ª Feria Int del Libro de Costa Rica	S.José (Costa Rica)
11	5th Int. Trade Fair for books, publishing and printing industry	Riga (Latvia)
12	7ª Feria Int del Libro de Lima	Lima (Perú)
13	9th Beijing Int Book Fair	Beijing (China)
14	9th International Book Festival	Budapest (Hungria)
15	American Library Association "ALA"	Atlanta (EEUU)
16	APA Australian Book Fair	Sydney (Australia)
17	Arabic Book Fair	Damasco (Siria)
18	Bienal Int del Libro de Sao Paulo	Sao Paulo (Brasil)
19	BookExpo America "BEA"	Nueva York (EEUU)
20	Bucharest Int Book Fair	Bucarest (Rumania)

21	Cairo 18th Int Children's Book Fair	El Cairo (Egipto)
22	Cairo Int Book Fair	El Cairo (Egipto)
23	Comics World Expo 2002	Innsbruck (Austria)
24	Education & Careers Expo	Hong Kong (China)
25	Education India 2002	New Delhi (India)
26	Expolangues	Paris (Francia)
27	Feria Int del Libro de Bogotá	Bogotá (Colombia)
28	Feria Int del Libro de Buenos Aires	B.Aires (Argentina)
29	Feria Int del Libro de Chile	Santiago (Chile)
30	Feria Int del Libro de Guadalajara	Guadalajara (Mexico)
31	Feria Int del Libro Infantil y Juvenil	México D.F (México)
32	Fiera del Libro de Torino	Torino (Italia)
33	Fiera del Libro per Ragazzi	Bolonia (Italia)
34	Foire du Livre. Bruxelles	Bruselas (Bélgica)
35	Frankfurter Buchmesse	Frankfurt (Alemania)
36	Göteborg Int Book Fair	Göteborg (Suecia)
37	International Book Fair Singapore	Singapur
38	International Comics Festival In Angouleme	Angouleme (Francia)
39	Kuala Lumpur Int.Book Fair	Kuala Lumpur (Malasia)
40	Kyiv Int Book Fair	Kyiv (Ukrania)
41	Leipziger Buchmesse	Leipzig (Alemania)
42	Ljubljana Int Book Fair	Ljubljana (Eslovenia)
43	London Book Fair	Londres (R.Unido)
44	Milia 2.002	Cannes (Francia)
45	Modern Language Association MLA	New York (EE.UU)
46	Nabe 2002	Filadelfia (EE.UU)
47	Praga Int Book Fair	Praga (Rep.Checa)
48	Salon du Livre de Paris	Paris (Francia)
49	Salon Int du Livre, de la Presse Et du Multimedia	Ginebra (Suiza)
50	**Salón Internacional del Libro "LIBER"**	**Barcelona (España)**
51	Seoul Int Book Fair	Seul (Corea)
52	St Petersburg Book Salon	St. Petersburgo (Rusia)
53	Taipei Int Book Exhibition	Taipei (Taiwan)
54	Tokyo Int Book Fair	Tokyo (Japón)
55	V Feria Int del Libro de S.Domingo	S.Domingo (Rep. Dominicana)
56	Vilnius Book Fair	Vilnius (Lituania)
57	World Book Fair 2002	Singapur
58	World Education Market	Lisboa (Portugal)
59	XI Feria Int del Libro de La Habana	La Habana (Cuba)
60	Zimbabwe Int Book Fair	Harare (Zimbabwe)

Fuente: www.federacioneditores.org
    Elaboración propia.

Anexo 15: Asociaciones profesionales del sector editorial

Nº	Gremios y asociaciones	Ciudad

1	Gremi d'editors de Catalunya	Barcelona
2	Asociación de Editores de Euskadi	Bilbao
3	Gremio de Editores de Madrid	Madrid
4	Associació d'editors en Llengua Catalana	Barcelona
5	Asociación de Editores de Andalucia	Málaga
6	Asociación Galega de Editores	Vigo
7	Gremio de Editores de Castilla y León	Valladolid
8	Asociación Nacional de Editores de Libros y Material de Enseñanza (ANELE)	Madrid
9	Asociación de Editoriales Universitarias Españolas	Madrid
10	Federación de Gremios de Editores de España (FGEE)	Madrid
	Cámaras del Libro	
11	Cámara del libro de Catalunya	Barcelona
12	Cámara del libro de Euskadi	Bilbao
13	Cámara del libro de Madrid	Madrid
	Derechos	
14	CEDRO. (Centro Español de Derecho Reprográficos)	Madrid
	Otras Asociaciones Especializadas	
15	Asociación de Editoriales Universitarias Españolas	Madrid
16	Asociación de Revistas Culturales de España (ARCE)	Madrid
17	Asociación Española de Editores de Anuarios (ASEAN)	Madrid
18	Asociación Española de Prensa Técnica	Barcelona
	Distribuidores	
19	Federación de Asociaciones Nacionales de Distribuidores de Ediciones (FANDE)	Madrid
20	Agrupación de Distribuidores de libros y Ediciones (ADIMA)	Madrid
21	Asociación Nacional de Distribuidores de Publicaciones (A.N.D.P)	Madrid
22	Gremi de Distribuidors de Publicacions de Catalunya	Barcelona
	Libreros	
23	Confederación Española de Gremios y Asociaciones de Libreros (CEGAL)	Madrid
24	Asociación Empresarial de Libreros de Alicante	Alicante
25	Asociación de Librerías del Principado de Asturias	Oviedo
26	Ávila. Librería Ópalo	Ávila
27	Gremi de Llibreters de Barcelona i Catalunya	Barcelona
28	Euskal Azoka Bizkaia/ Asociación de Libreros	Bilbao
29	Federación Provincial de Libreros de Burgos	Burgos
30	Agrupación Provincial de Empresarios de Librerías de la Provincia de Cádiz	Cádiz
31	Asociación de Libreros y Papeleros de Cantabria	Santander
32	Gremi de Llibreters de Castelló i Comarques (PIMEC)	Castellón
33	(APLICO) Asociación de Papelerías y Llibrerías de Córdoba	Córdoba
34	Federación de Libreiros de Galicia	Santiago de Compostela
35	Asociación de Empresarios de Papel y Artes Gráficas (Federación Onubense de Empresarios)	Huelva
36	Asociación Provincial de Librerías	Huesca
37	CECAPYME	Las Palmas
38	Asociación Provincial de Libreros de León	León
39	Asociación de Empresarios del Comercio del Libro de Madrid. (Gremio de Libreros)	Madrid
40	Gremio de Libreros de Mallorca	Palma de Mallorca
41	Asociación Profesional de Empresarios Libreros de la Región de Murcia	Murcia
42	Asociación de Libreros de Navarra "Diego de Haro"	Tudela (Navarra)
43	Confederación Palentina de Organizaciones Empresariales	Palencia
44	Asociación de Empresarios del Comercio del Libro de la Provincia de Santa Cruz de Tenerife	Santa Cruz de Tenerife
45	Segovia Librería Punto y Línea	Segovia
46	A.PE.L. (Agrupación Profesional de Empresarios de Librerías)	Sevilla
47	Gremi de Llibreters de Valencia	Valencia
48	Asociación de Librerías de Zaragoza	Zaragoza
	Asociaciones no vinculadas a CEGAL	
49	Asociación de Libreros de Lance de Madrid	Madrid
50	Gremio Madrileño de Comerciantes de Libros Usados	Madrid
51	LIBRIS. Asociación de Libreros de Viejo	Madrid
52	Federación Andaluza de Librería y Librerías –Papelerías (FALLP)	Sevilla
53	Gremio de Libreros "San Isidoro", de Sevilla	Sevilla
	Autores	
54	Asociación Colegial de Escritores (ACE)	Madrid
55	Asociación Colegial de Escritores de Catalunya	Barcelona
56	Agrupación Hispánica de Escritores	Alcorcón (Madrid)
57	Asociación de Autores de Teatro	Madrid
58	Asociación de Escritores y Artistas Españoles	Madrid
58	Asociación Nacional de Médicos Escritores (Colegio de Médicos)	Madrid
59	Sociedad General de Autores de España (Música y Teatro)	Madrid
60	Euskal Idazleen Elkartea / Asociación de Escritores Vascos	Donostia
61	Sociedad General de Autores	Valencia
	Traductores	

62	Asociación Profesional Española de Traductores e Intérpretes (APETI)	Madrid
63	Euskal Itzutzaila Zuzentzaile eta Interpretatarien Elkartea	Donostia
64	Asociación Colegial de Escritores de Cataluña	Barcelona
65	Asociación de Traductores Galegos (Instituto da Lingua Galega)	Santiago de Compostela
66	Sec. Autónoma Traductores libros (ACE)	Madrid
	Ilustradores	
67	Asociación profesional de ilustradores de Madrid (APIMI)	Madrid
68	Asociació Profesional d'Il·lustradors	Barcelona
	Críticos	
69	Asociación Española de Críticos de Arte Bolívia, 36	Barcelona
70	Asociación Española de Críticos Literarios (Ateneo Barcelonés)	Barcelona
	Bibliotecarios	Ciudad
71	Col·legi Oficial de Bibliotecaris Documentalistes de Catalunya	Barcelona
72	Sociedad Catalana de Documentación e Información (SOCADI)	Barcelona
73	Asociación Nacional de Archiveros, Bibliotecarios, Museólogos y Documentalistas (ANABAD Galicia)	A Coruña
74	Asociación Bibliotecaria Galega (ABG)	Ferrol (A Coruña)
75	Asociación Educación y Bibliotecas	Madrid
76	Asociación Madrileña de Estudios Bibliotecarios	Madrid
77	Asociación Nacional de Archiveros, Bibliotecarios, Museólogos y Documentalistas (ANABAD Madrid)	Madrid
78	Libros para el Mundo (Asociación cultural sin ánimo de lucro)	Madrid
79	Sociedad Española de Documentación e Información Científica (SEDIC)	Madrid
80	Asociación Andaluza de Bibliotecarios	Málaga
81	Asociación Nacional de Archiveros, Bibliotecarios, Museólogos y Documentalistas (ANABAD Murcia)	Murcia
82	Asociación Nacional de Archiveros, Bibliotecarios, Museólogos y Documentalistas	Oviedo
83	Gipuzkoako Bibliotekarien Elkartea / Asociación de Bibliotecarios de Guipúzcoa	Donostia
84	Asociación Nacional de Archiveros, Bibliotecarios, Museólogos y Documentalistas (ANABAD Valencia)	Valencia
	Industria Gráfica y Afines	
85	Federación Empresarial de Industrias Gráficas de España (FEIGRAF)	Madrid
86	Asociación Provincial de Empresarios de Artes gráficas y manipulado de Alava	Vitoria
87	Asociación Provincial de Impresores e Industrias Afines de Alicante	Alicante
88	Asociación de Empresarios de Artes Gráficas de Asturias	Oviedo
89	Asociación de Empresarial de Artes Gráficas de Baleares	Palma de Mallorca
90	Asociación de Empresarios de Artes Gráficas y Manipulados de Papel de Guipúzcoa (ADEGUI)	Donostia
91	Asociación de Empresarios de Artes Gráficas Arena	Las Palmas
92	Asociación Gremial de Empresarios de Artes Gráficas y Manipulados de Papel de Madrid	Madrid
93	Confederación de Empresarios (Artes Gráficas) de Málaga	Málaga
94	Asociación de Artes Gráficas y Manipulados La Rioja	Logroño
95	Asociación Provincial de Empresarios de Artes Gráficas Manipulados de Papel y Cartón y Editoriales de Santander	Santander
96	Asociación de Empresarios de Comercio e Industrias del Papel y Artes Gráficas de Sevilla	Sevilla
97	Asociación de Industriales Gráficos de Valencia	Valencia
98	Asociación Provincial de Artes Gráficas de Vizcaya	Bilbao
99	Asociación Empresarial de Artes Gráficas, Papel y Manipulados de Aragón	Zaragoza
	Formación especializada en el sector	
100	C/ Orense, 4	Madrid
101	C/ València, 279	Barcelona

Fuente: Asociación de editoriales universitarias españolas 2002.
　　　Elaboración propia.

Anexo 16: Fundaciones culturales

Nº	Nombre	Localización	Relación con el mundo editorial*
1	Actilibre	Madrid	2
2	Amigos de Madrid	Madrid	2
3	Amigos del Museo del Prado	Madrid	2
4	Anselmo Lorenzo	Madrid	1
5	Antonio Machado	Madrid	1
6	Argentaria	Madrid	2
7	Autor	Madrid	1
8	Balmes	Madrid	1
9	Banco Bilbao-Vizcaya (BBV)	Bilbao	2
10	Banco Central Hispano	Madrid	1
11	Bertelsmann	Barcelona	1
12	Cambridge University Press, sucursal en España	Madrid	1
13	Cánovas del Castillo	Madrid	1
14	Carlos Barral	Madrid	1
15	Carlos de Amberes	Madrid	1
16	Claudio Sánchez Albornoz	Ávila	1
17	Coca Cola España	Madrid	1
18	Colección Thyssen-Bornemisza	Madrid	2
19	Colegio libre se emérito universitario	Madrid	2
20	Cotec para la innovación tecnológica	Madrid	2
21	Cultura y sociedad	Granada	1
22	De estudios europeos	Madrid	1
23	De estudios sociológicos (FUNDES)	Madrid	1
24	Diálogos	Madrid	2
25	EFE	Madrid	2
26	Enrique Luño Peña	Sevilla	2
27	Esabe-Miguel de Cervantes	Madrid	1
28	Europa siglo XXI	Madrid	2
29	Federico García Lorca	Madrid	1
30	Fernández Lema	Loarca-Valdés (Asturias)	1
31	Fernando de los Ríos	Madrid	2
32	Ferrocarriles españoles	Madrid	1
33	Fondo cultural	Madrid	1
34	Fuinca	Madrid	2
35	Fundació "Roger de Belfort"	Barcelona	1
36	Fundació CIDOB (Centro de Información y Documentación Internacional de Barcelona)	Barcelona	1
37	Fundació Congrés de Cultura Catalana	Barcelona	1
38	Fundación del Libro	Barcelona	1
39	Fundació estudis i Promoció Cultural	Cornellá de Llobregat (Barcelona)	1
40	Fundació Jaume Callís	Barcelona	1
41	Fundació Pública "Institut d'estudis llerdencs"	Lleida	1
42	Fundació Real Sociedad Económica de Amigos del País	Badajoz	1
43	Fundació Teatre Lliure-Teatre Públic de Barcelona	Barcelona	2
44	Fundación "La Caixa"	Barcelona	1
45	Fundación Alcalde Zoilo Ruiz-Mateos	Rota (Cádiz)	1
46	Fundación Alfonso X El Sabio	Madrid	1
47	Fundación Alfredo Brañas	Santiago de Compostela	1
48	Fundación Amics de les Arts i de les Lletres	Sabadell (Barcelona)	1
49	Fundación B.B.V	Madrid	2

50	Fundación Blas Infante	Sevilla	1
51	Fundación Caja Vital	Vitoria	1
52	Fundación Camilo José Cela	Padrón (A Coruña)	1
53	Fundación Centre de Lectura de Reus	Reus (Tarragona)	1
54	Fundación Centro de Fundaciones. Asociación de Directivos de Entidades no Lucrativas (A.D.E.N.L.E)	Madrid	2
55	Fundación César Manrique	Lanzarote	1
56	Fundación Colección Thyssen-Bornemisza	Madrid	1
57	Fundación Colegio del Rey	Alcalá de Henares (Madrid)	1
58	Fundación Cultural COAM	Madrid	1
59	Fundación Cultural Mapfre Vida	Madrid	1
60	Fundación Cultural Primero de Mayo	Madrid	2
61	Fundación de Ayuda contra la Drogadicción (F.A.C)	Madrid	1
62	Fundación de Estudios de Economía aplicada	Madrid	2
63	Fundación de Estudios Libertarios "Anselmo Lorenzo"	Madrid	1
64	Fundación de Investigaciones Marxistas	Madrid	1
65	Fundación de los Ferrocarriles Españoles	Madrid	1
66	Fundación del Fomento de la Llengua Catalana	Barcelona	1
67	Fundación Diocesana Difusión de la Cultura Católica	Murcia	1
68	Fundación El Monte	Sevilla	1
69	Fundación Federico García Lorca	Madrid	1
70	Fundación Fernando Rielo	Madrid	1
71	Fundación Francisco Ferrer	Barcelona	1
72	Fundación Francisco Largo Caballero	Madrid	2
73	Fundación General VPM	Madrid	1
74	Fundación Gerald Brenan	Alhaurín el Grande (Málaga)	1
75	Fundación Germán Sánchez Ruipérez	Madrid	1
76	Fundación Gratis Date	Pamplona	2
77	Fundación Infancia y Apendizaje	Madrid	1
78	Fundación Institut del Cinema Catalá	Barcelona	2
79	Fundación Joaquím Costa	Huesca	1
80	Fundación Jorge Gillén	Valladolid	1
81	Fundación José Barreiro	Oviedo	1
82	Fundación José Manuel Lara	Sevilla	1
83	Fundación José Ortega y Gasset	Madrid	1
84	Fundación Josep Pla	Palafrugell (Girona)	1
85	Fundación Juan March	Madrid	1
86	Fundación Laboral de la Constitución	Madrid	1
87	Fundación Machado	Sevilla	1
88	Fundación Marcelino Botín P.	Santander	1
89	Fundación María Aurelia Capmany	Barcelona	1
90	Fundación Mercé Rodoreda	Barcelona	1

91	Fundación Municipal de Cultura	Valladolid	1
92	Fundación Noesis	Barcelona	2
93	Fundación para el Fomento de la Cultura y la Cinematografía	Madrid	1
94	Fundación para la Formación Escénica de la Comunidad de Madrid	Madrid	2
95	Fundación Pedro Barrié de la Maza, Conde de Fenosa	A Coruña	1
96	Fundación Principado de Asturias	Oviedo	1
97	Fundación Pro Cultura Literaria	Madrid	1
98	Fundación Procine	Madrid	1
99	Fundación Pública Luis Cernuda	Sevilla	1
100	Fundación Revistas de Cataluña	Barcelona	1
101	Fundación Rosacruz	Zaragoza	1
102	Fundación Salvador Seguí Ediciones (FSS Ediciones)	Madrid	1
103	Fundación Serveis de Cultura Popular	Barcelona	1
104	Fundación Shakespeare	Valencia	1
105	Fundación Universidad-Empresa	Madrid	1
106	Fundación Universitaria Española	Madrid	1
107	FUNDESCO	Madrid	1
108	FUNDESCOOP	Madrid	1
109	Generación del 27	Madrid	1
110	Gregorio Marañón	Madrid	1
111	Grupo El Correo Español	Bilbao	1
112	Hispano-Cubana	Madrid	1
113	Instituto de Estudios Castellanos	Burgos	1
114	José Antonio de Castro	Madrid	1
115	Juan March	Madrid	1
116	Latinoamericana para la cultura	Madrid	1
117	Lázaro Galdiano	Madrid	2
118	Lilí Álvarez	Madrid	1
119	Loewe	Madrid	1
120	Luis Goytisolo	Puerto de Santa María (Cádiz)	1
121	Mapfre América	Madrid	1
122	Mapfre Vida	Madrid	1
123	María Zambrano	Vélez Málaga (Málaga)	1
124	Para el Desarrollo de las Bibliotecas	Madrid	1
125	Pedro Muñoz Seca	Puerto de Santa María (Cádiz)	1
126	Pro Cultura Literaria	Madrid	1
127	Real Academia Gallega	A Coruña	1
128	Recoletos	Madrid	1
129	Santa María	Madrid	1
130	Santillana	Santillana del Mar (Cantabria)	1
131	Sistema	Madrid	1

* 1=si, 2=no.

Fuente: Asociación de Editoriales Universitarias Españolas 2002.
          Guía del escritor.   Elaboración pròpia.

Anexo 17: Revistas asociadas a la Asociación de Revistas Culturales de España.

N°	Nombre	Lugar	Año fundación	Edita	Ámbito distribución*	Contenido
1	Ínsula	Madrid	1946	Ínsula, Librería	N-E-A	Crítica e Historia y Creación y Crítica
2	Litoral	Torremolinos (Málaga)	1968	Revista Litoral	N-E-A	Monográficos
3	Delibros	Madrid	1988	R.D.M	N-E-A	Noticias y novedades del sector de la edición
4	Revista de libros	Madrid	1996	Fundación Caja de Madrid	N-E-A	Reseñas bibliográficas
5	Lateral	Barcelona	1994	Lateral Ediciones	N-E-A	Fenómenos culturales y actualidad editorial
6	Intramuros	Madrid	1995	Maria Sheila Cremaschi	N-E-A	Biografías, autobiografías y memorias
7	CLIJ	Barcelona	1988	Editorial Torre de Papel	N-E-A	Literatura infantil y juvenil
8	Quimera	Mataró (Barcelona)	1980	Ediciones de Intervención	N-E-A	Mundo editorial
9	Clarín	Oviedo	1996	Ediciones Nobel	N-E-A	Literatura contemporánea
10	La Página	Tenerife	1988	La Página Ediciones	N-E-A	Autor, periodo o temas de actualidad
11	El Extramundi y Los Papeles de Iria Flavia	Padrón (A Coruña)	1995	Fundación Camilo Jose Cela	N-E-A	Ensayo, poesía y prosa
12	RevistAtlántica de Poesía	Cádiz	1991	Diputación Provincial de Cádiz	N-E-A	Poesía
13	Turia	Teruel	1983	Instituto de Estudios Turolenses	N-E-A	Literatura contemporánea
14	Helice, Revista de Poesía	Granada	1994	Diputación de Granada	N	Poesía
15	Leer en Primavera, Verano, Otoño, Invierno	Madrid	1984	Saber y Comunicación	N-E-A	Información y teoría literaria

*N=Nacional, E=Europa, A=América

Fuente: Asociación de revistas culturales de España 2002.
    Elaboración propia.

Anexo 18: Revistas culturales en Barcelona y Madrid

N°	Revista	Ubicación
1	Ábaco	Madrid
2	Academia	Madrid
3	A.D.E. - Teatro	Madrid

4	África/América Latina - Cuadernos	Madrid
5	Ajoblanco	Barcelona
6	Al-Qántara	Madrid
7	Album Letras Artes	Madrid
8	Alga	Barcelona
9	Amadeus	Barcelona
10	América Latina Hoy	Madrid
11	Ánthropos	Barcelona
12	Antropología	Madrid
13	Arbor	Madrid
14	Archipiélago	Barcelona
15	Argonauta	Madrid
16	Arquitectura	Madrid
17	Arquitectura Viva	Madrid
18	Arte Omega	Barcelona
19	Arte y Parte	Madrid
20	Boletín de la Fundación Federico García Lorca	Madrid
21	Boletín de la Institución Libre de Enseñanza	Madrid
22	Caminos	Barcelona
23	Cinevídeo	Madrid
24	Ciutat	Barcelona
25	Claves de Razón Práctica	Madrid
26	Cine y Más	Madrid
27	Cinemanía	Madrid
28	Cuaderno Gris	Madrid
29	Cuadernos Cervantes de Lengua Española	Madrid
30	Cuadernos de Literatura Infantil y Juvenil	Barcelona
31	Cuadernos de Realidades Sociales, R.S.	Madrid
32	Cuadernos del Este	Madrid
33	Cuadernos del Matemático	Madrid
34	Cuadernos Hispanoamericanos	Madrid
35	Delibros	Madrid
36	Dirigido	Barcelona
37	Diseño Interior	Madrid
38	Documentos A	Barcelona
39	Ecología Política	Barcelona
40	El Ciervo	Barcelona
41	El Viejo Topo	Barcelona
42	Els Marges	Barcelona
43	Entreacte	Barcelona
44	Escena	Barcelona
45	Foc Nou	Barcelona
46	Fotogramas & Vídeo	Barcelona
47	Fv/Foto – Vídeo Actualidad	Madrid
48	Generació	Barcelona
49	Historia y Vida	Barcelona
50	I Tschatchipen	Barcelona
51	Lateral	Barcelona
52	Leer	Madrid
53	Letra Internacional	Madrid
54	Leviatán	Madrid
55	Lletra de Canvi	Barcelona
56	Manía	Barcelona
57	Matador	Madrid
58	Mientras Tanto	Barcelona
59	Ni Hablar	Madrid
60	Nous Horizons	Barcelona
61	Nueva Revista de Política, Cultura y Arte	Madrid
62	Poesía, Por Ejemplo	Madrid

63	Política y Sociedad	Madrid
64	Por la Danza	Madrid
65	Primer Acto	Madrid
66	Primeras Noticias de Literatura Infantil y Juvenil	Barcelona
67	Quimera	Barcelona
68	Raíces	Madrid
69	Randa	Barcelona
70	Religión y Cultura	Madrid
71	República de Las Letras	Madrid
72	Reseña	Madrid
73	Revista de Catalunya	Barcelona
74	Revista de Filología Española	Madrid
75	Revista de Literatura	Madrid
76	Revista de Occidente	Madrid
77	Revista de Teatro	Madrid
78	Saber / Leer	Madrid
79	Secuencias	Madrid
80	Sefarad	Madrid
81	Serra d'Or	Barcelona
82	Síntesis	Madrid
83	Sistema	Madrid
84	Suplementos Ánthropos	Barcelona
85	Temas	Madrid
86	Tempus	Madrid
87	The Stoney Thursday Book,Cuaderno de Madrid	Madrid
88	Tiempo de Paz	Madrid
89	Vasos Comunicantes	Madrid
90	Veintiuno	Madrid
91	Viridiana	Madrid
92	Voces y Culturas	Barcelona
93	Voice	Barcelona

Fuente: Elaboración propia

Anexo 19: Nivel de estudios por distritos en el 1995 en %

Estudios/Distrito	Ciutat Vella	L'Eixample	Sants-Montjuïc	Les Corts	Sarrià-Sant Gervasi	Gràcia	Horta-Guinardó	Nou Barris	Sant Andreu	Sant Martí	Total BCN
Sin estudios	30.9	8.5	14.6	8.5	4.4	7.0	29.7	25.2	18.6	12.9	15.7
Primarios	44.2	29.2	43.2	22.1	15.8	31.2	27.5	40.0	32.6	41.2	33.0
Secundarios	19.9	38.7	31.3	46.7	37.3	38.1	32.4	29.7	37.5	35.5	34.8
Universitarios	5.9	23.5	10.9	22.7	42.5	23.6	10.4	5.1	11.3	10.4	16.5
Total	100	100	100	100	100	100	100	100	100	100	100

Fuente: Enquesta de la Regió Metropolitana de Barcelona 1995
        www.raco.cat